문학생활 삼행시

국민구술문학의 맛과 멋

한국문학생활회

문학생활 삼행시

발 행 일 : 2024년 9월 21일
발 행 처 : 한국문학생활회
주　　소 : 07430 서울시 영등포구 대방천로 175(신길동) 문헌빌딩 204호
한국문학생활회 / 02-365-3996 / 팩스 : 02-365-3997

한국문학생활회
상 임 회 장 : 최운선
공 동 회 장 : 박도근, 박영길, 서용선, 오병석
부 회 장 : 가철노, 문병삼, 이현원
사 무 국 장 : 손유순 010-5386-7696
편 집 주 간 : 노우혁 010-3066-9797

펴낸곳 : 앤바이올렛
등　록 | 2021년 9월 29일, 제 2021-30호
주　소 | 02046 서울특별시 중랑구 동일로144가길 25-18(중화동)
전　화 | (편집) 02-491-9596
e-mail | powerbrush88@naver.com
ISBN 979-11-977103-1-5

ⓒ 2024, 가철노, 구희은, 권성남, 김금란, 김경인, 김기평, 김대영, 김명주, 김선아, 김영구, 김양옥, 김영수, 김태린, 노우혁, 문병삼, 민숙영, 박선영, 박순애, 박영길, 박혜주, 박혜진, 박휴찬, 백채원, 서영자, 손분익, 손유순, 손혜숙, 신현주, 안영섭, 오서연, 우경연, 이금실, 이나영, 이민구, 이성호, 이순녀, 이순자, 이영선, 이영종, 이옥진, 이주성, 이주은, 이하경, 이현원, 임은심, 장병찬, 정명자, 정은지, 정현덕, 조계자, 지경숙, 최운선, 한경옥, 한순남, 한천우, 홍영란, 황도천, 권려화, 김민정, 김주법, 김주연, 이유리, 신호현, 유명란, 이진구, 이혜원, 임석복, 정늘솔, 정효진, 조혜련, 최유진, 추인숙

정가 15,000원
※ 한국문학생활회, 글, 그림, 사진 편집체제는 저작권법의 보호를 받으므로
　 무단 전재와 복제 및 재가공을 금합니다.

| 발간축사 |

한국문학생활회 상임회장
최운선/문학박사, 시조시인

제1회 삼행시 시화전 시집을 발간하며

  오늘날과 같이 급변하는 시대에는 새로운 지식과 정보가 없으면 살아 나갈 수 없습니다. 자신의 재능을 계발해서 능력 있고 당당한 사회인으로 살아가기 위해서는 끊임없이 배워야 하고 새로운 도전에 대한 두려움을 버려야 합니다. 이러한 가운데 한국문학생활회가 삼행시 시화전을 하게 된 것은 우리 민족만이 가지고 있는 문화유산인 삼행시를 계승 발전시키고 꽃을 피우는 것은 매우 뜻있는 일이라 하겠습니다.

  한국·중국·일본 동아시아 3국은 각기 고유의 독특한 정형시를 그 나름대로 계승 발전시켜 왔습니다. 그 예가 우리나라의 시조, 중국의 5언 절구와 7언 율시, 일본의 하이쿠가 바로 그것입니다. 이에 한국문학생활회에서는 이러한 민족정기와 정서를 되살리는 뜻을 같이하고자 '제1회 삼행시 시화전과 삼행시 문학상'을 제정하게 되었습니다. 그리고 삼행시가 범국민적인 구술문학으로 자리하기 위해서는 새로운 시각으로 접근과 시도가 필요하다는 판단을 하게 되었습니다.

  앞으로 한국문학생활회는 삼행시를 위한 세미나 개최, 상설 문화 강좌를 설치 운영하여 삼행시 인구의 저변 확대를 위해 더욱 노력할 것입니다. 아울

러 초·중·고 학생들에게 문학적 재능을 개발할 수 있는 삼행시 창작의 기회를 주어 문학적 소양으로 살아가는데 자신감과 자존감을 높이고, 더 나아가 훌륭한 삼행시 시인으로 민족문화 발전에 중추적 역할을 할 수 있도록 도울 것입니다.

'삼행시문학상'을 통해 정신적인 삶의 활력을 불러일으키는 기회가 되고, 수준 높은 문화예술에 대한 이해의 폭을 한층 더 높이는 계기가 되었으면 좋겠습니다. 다행히 오늘날 삼행시 공모전은 과거와 달리 인터넷으로 공모전에 참여하기가 쉽고 응모자들이 삼행시 창작 자료를 원하는 만큼 활용할 수 있어 새로운 차원의 공모전이 될 수 있으며 이 시대 젊은이들의 시 창작에 관심을 끌 수 있는 계기가 되어 있습니다.

그간 본 행사를 위하여 애써 주신 손유순 사무국장, 노우혁 편집주간, 정현덕 이사께 박수를 보냅니다. 특히 이번 삼행시 창작의 예술혼을 발휘하여 시향詩香 가득한 아름다운 작품들을 출품해 주신 응모자 여러분께 진심으로 감사드리며, 시화전 참여시인 72명의 이름으로 사행시를 지어주신 장병찬 시인께 감사드립니다. 끝으로 제1회 삼행시 시화전을 개최하게 된 것을 다시 한번 감사와 축하의 말씀을 올리며 발간축사에 대신합니다. 감사합니다.

2024년 9월 21일

| 축사 |

이천시장 김경희

안녕하십니까. 이천시장 김경희입니다.

아름다운 자연경관을 자랑하는 이곳, 설봉공원을 배경으로 '제1회 설봉공원 삼행시 시화전'을 개최하게 된 것을 진심으로 축하드립니다. 이번 시화전 개최를 위해 애쓰신 한국문학생활회 최운선 상임회장님과 손유순 사무국장님을 비롯한 행사 관계자 여러분께 깊은 감사와 격려의 말씀을 드리며, 아름다운 시화 작품으로 함께해 주신 작가 여러분께는 진심 어린 환영과 감사의 마음을 전합니다.

'시와 나', '너와 나'라는 주제로 펼쳐지는 이번 시화전은 초대 시인과 참여 시인 총 72명의 작가가 141점의 소중한 작품으로 함께 하십니다. 설봉공원 둘레길을 아름답게 수 놓을 시화 작품 하나, 하나는 아름다운 설봉호수와 가을하늘의 정취를 한껏 드높일 것으로 보입니다. 시화들의 아름다운 향연이 펼쳐질 설봉공원의 새로운 모습을 설레는 마음으로 기다려보겠습니다.

다시 한번 '제1회 설봉공원 삼행시 시화전' 개최를 축하하며, 이번 시화전이 설봉공원의 아름다움을 더욱 널리 알리고, 시민들의 문화적 감수성을 높이는 좋은 기회가 될 바랍니다.

앞으로 더욱 멋진 작품들로 왕성한 활동을 보여주실 한국문학생활회와 회원여러분을 늘 응원하겠습니다.

2024. 9.

| 축사 |

국회의원 송석준

  반갑습니다.

  상생과 조화의 고장 이천시 최초 3선 국회의원 송석준입니다.

  먼저 〈제1회 설봉공원 삼행시 시화전〉 개최를 중심으로 축하드립니다. 행사 개최를 위해 애쓰신 한국문학생활회 최운선 상임회장님과 관계자 여러분, 그리고 함께 참여해 주신 문학작가님들과 좋은 작품을 후원해주신 이천시 도자 명장 여러분께 특별한 감사와 존경의 인사를 드립니다. 유네스코 창의도시 이천시는 공예와 민속 예술의 오랜 전통과 문화유산을 간직한 아름다운 문화예술의 도시입니다. 최근에는 다양한 문화예술분야들이 서로 교류하고 융합발전하면서 새로운 현대문화예술의 메카로 더욱 주목 받고 있습니다. 시화전이 열리는 설봉산은 이천시가 자랑하는 시민들의 안식처입니다.

  경기도자미술관, 월전미술관, 이천무형유산전수관, 시립박물관, 설봉국제조각공원 등이 자리를 잡고 있어 이천시의 다양한 문화예술을 느낄 수 있습니다. 시화전의 감동과 함께 설봉공원 아름다움도 가득 담아가시길 바랍니다.

  올해 첫 시작을 하는 설봉공원 삼행시 시화전이 예술적 도전과 성취를 통해 많은 작가들이 서로 소통하는 교류의 장이자 신인 작가들의 등용문으로 활용되어 이천시와 대한민국의 문화예술의 가치와 수준을 한층 끌어올리는 대회로 거듭 발전해 나가시길 기원합니다. 다시 한번 〈제1회 설봉공원 삼행시 시화전〉 개최를 축하드리며 함께하시는 모든 분의 건강과 행복을 기원드립니다. 감사합니다.

2024. 9.

| 축사 |

이천시의회 의장 박명서

　문학을 사랑하시는 문학인 여러분들 안녕하십니까. 이천시의회 의장 박명서입니다. 맑고 푸른 가을 하늘 아래, 제1회 이천시 설봉공원 삼행시 시화전이 개최될 수 있어 기쁘며, 진심으로 축하드립니다.

　아울러, 삼행시 시화전 개최를 위해 노력해주신 한국문학생활회 최운선 회장님을 비롯하여 모든 관계자 여러분께 감사 인사를 전하며, 참여해주신 모든 문학인 여러분들께도 힘찬 박수를 보내드립니다. 미디어가 지배하고 있는 지금, 일상에서 문학의 아름다움을 느끼는 것은 어려운 일이 되었습니다. 그렇기에 한국문화생활회의 시화전이 이천에서 열리게 된 것은 매우 뜻깊고 기쁜 일입니다. 설봉공원의 아름다운 자연을 배경으로 펼쳐지는 시화전은 문학과 자연이 조화를 이루어 방문해주신 모든 시민분들에게 큰 선물이 될 것이며, 문학의 가치를 널리 알리는 계기가 될 것입니다.

　이번 설봉공원 호수둘레길 삼행시 시화전을 통해 이천 시민 여러분이 문학의 아름다움을 느끼며, 문학의 매력에 빠지는 좋은 시간이 되었으면 좋겠습니다. 어려운 시기에도 문학 정신을 잃지 않고 창작 활동에 매진해 온 문학인 여러분께 깊은 존경과 감사의 말씀을 드리며, 앞으로도 문학 발전을 위해 더욱 힘써주시기를 부탁드립니다. 이천시의회에서도 모든 문학인 여러분들이 창작의 날개를 펼칠 수 있도록 최선을 다하겠습니다. 다시 한번, 제1회 이천시 설봉공원 삼행시 시화전 개최를 진심으로 축하드리며, 앞으로도 자부심과 긍지를 갖고 문학으로 세상을 다양하게 물들이는 한국문학생활회 여러분이 되시길 기원합니다. 감사합니다.

2024. 9.

| 심사평 |

김슬옹(세종국어문화원 원장)
문학박사/한국외대 대학원 초빙교수

삼행시의 정체성과 작품성

　평소 삼행시를 좋아해 청혼을 삼행시로 한 바 있어 이번 삼행시 공모전 심사가 더욱 즐거웠다. 삼행시는 한국의 전통적인 시 형식이다. 시조에서 비롯되어 세 줄로 구성된 짧은 시이다. 짧은 형식이라 주로 감정이나 생각을 간결하게 표현하는 데 적합하며, 각 줄의 음수나 리듬이 중요하다. 삼행시의 주제는 제한이 없고 주로 일상적인 주제를 마음껏 다룰 수 있는 최고 장점이다.

　곧 삼행시의 정체성은 그 간결함과 직관성에 있다. 세 줄 짜임새는 시인이 복잡한 감정을 단순하게 전달할 수 있게 해주며, 독자에게도 쉽게 이해될 수 있는 장점을 안긴다. 이런 특성 덕분에 삼행시는 늘 사랑을 받으며, 어느 행사나 어느 곳에서나 애용된다. 누구나 시인이 되게 하는 시 형식이기도 하다.

　전통적인 삼행시는 주로 구술 문학의 형태로 전해졌고 1446년 한글 반포 후에는 한글로 맛깔스럽게 적으며 그 멋을 뽐내왔다. 현대 사회에서는 다양한 매체를 통해 더욱 확산되어 특히 인터넷과 소셜 미디어의 발달로 삼행시는 젊은 세대에게도 인기를 끌고 있고 어르신들의 놀이로도 애용되고 있다. 흔한 것 같지만 창의적인 표현 방식으로 자리 잡고 있다.

이처럼 삼행시는 한국의 문화적 정체성을 반영하는 생활시이다. 한국어의 문장 짜임새 특성과 소리 아름다움을 살려, 짧은 글 속에 깊은 뜻을 담아내기에 적격이다. 이러한 점에서 삼행시는 단순한 시 형식을 넘어, 한국인의 정서를 표현하는 매개체이다.

따라서 삼행시는 그 간결함과 깊이로 인해 한국 문학에서 중요한 위치를 차지하고 있으며, 시대를 초월한 감정의 전달 수단으로서 계속해서 사랑받고 있다. 이번 심사는 이러한 삼행시의 정체성과 작품성을 잣대로 심사했다. 응모작 모두가 수준급이어서 심사가 쉽지 않았다. 삼행시의 직관성과 간결성이 주제 표현과 어떻게 조화되어 독자의 마음을 사로잡는가로 힘겹게 수상작을 뽑았다.

2024년 9월 21일

심사평 대표집필/김슬옹(훈민정음 학자)
심사위원/맹문재(안양대 국문과 교수)
최운선(전 장안대 문창과 교수)

| 목차 |

발간축사 – 제1회 삼행시 시화전 시집을 발간하며 ········ 3
축사 – 이천시장 김경희 ··· 5
축사 – 국회의원 송석준 ··· 6
축사 – 이천시의회 의장 박명서 ································· 7
심사평 – 삼행시의 정체성과 작품성 ························· 8

가철노	12	박영길	30
구희은	13	박혜주	31
권성남	14	박혜진	32
김금란	15	박효찬	33
김경인	16	백채원	34
김기평	17	서영자	35
김대영	18	손분익	36
김명주	19	손유순	37
김선아	20	손혜숙	38
김영구	21	신현주	39
김양옥	22	안영섭	40
김영수	23	오서연	41
김태린	24	우경연	42
노우혁	25	이금실	43
문병삼	26	이나영	44
민숙영	27	이민구	45
박선영	28	이성호	46
박순애	29	이순녀	47

이순자	48	홍영란	67
이영선	49	황도천	68
이영종	50		
이옥진	51	〈초대 작품〉	
이주성	52	권려화	69
이주은	53	김민정	70
이하경	54	김주법	71
이현원	55	김주연	72
임은심	56	이유리	73
장병찬	57	신호현	74
정명자	58	유명란	75
정은지	59	이진구	76
정현덕	60	이혜원	77
조계자	61	임석복	78
지경숙	62	정늘솔	79
최운선	63	정효진	80
한경옥	64	조혜련	81
한순남	65	최유진	82
한천우	66	추인숙	83

장병찬 시인 사행시 ·············· 84
도자기 작품 후원 ·············· 92
협찬금 후원자 명단 ·············· 93
문학생활 삼행시 수상자 명단 ·············· 94

너와 나

가철노

너무 나도
사랑했기에

와~ 그리도
마음속 깊이

나도 흡족해
즐거워하네

시와 나

가철노

시화전
이천설봉공원
설봉호수 둘레길

와보셔요
신사숙녀 여러분

나의 글
정감이 살아
숨쉬고 있네

명석 가철노

시인, 충남 태안 출생, 본회 이사, 삼전초등학교 명예교사,
『생활문학』 신인상 수상 등단, 삼전동 새마을협의회 회장 역임.
내무부장관 표창 수상, 『문학생활』 작품상 수상,
2024 한국문학생활회 부회장

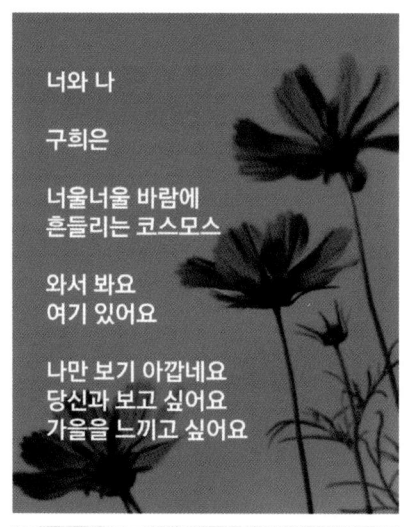

너와 나

구희은

너울너울 바람에
흔들리는 코스모스

와서 봐요
여기 있어요

나만 보기 아깝네요
당신과 보고 싶어요
가을을 느끼고 싶어요

시와 나

구희은

시원하게
쏟아지는
폭포수 같은
사랑을 찾나요

와서 봐요
여기 있어요

나에게 사랑을
가르쳐 준 그가
당신을 기다려요

구희은(구현숙)

시인, 한밭대학교 중국어과 졸업, 에스테틱 7년 근무
사회복지사 2급 자격증, 한국사 1급 자격증

너와 나

권성남

너를 향해
기쁨으로
달렸습니다

와락 끌어안아
나를 맞아 주세요

나는 너의
눈물범벅 말 못 하는
상처투성이

시와 나

권성남

시련인가 아픔인가
천둥소리 비바람 소리

와르르 떨어지는 빗소리
흔들리는 나뭇가지들

나를 흔들어 어서 가자고
비바람과 함께 달려온
님의 애달픈 소리

권성남

강릉원주대학교 자치행정학과 졸업
강원아트플레이스 비영리 대표
2024 한국문학생활회 회원

너와 나

김경인

너그러운 흙은 밟힘으로
자신을 내어주며

와중으로 시끄럽던
마음도 흙이 떠안는다

나누는 흙의 희생은
내 인생과 닮았어라

시와 나

김경인

시의 모양과
형상이 아름다워

와닿는 시의 글귀가
설봉 끝을 뒤흔드네

나이 연륜 상관없어
산수경석 좋은 터에 앉아
기쁨으로 읊어보자

솔향 김경인

인성지도사, 진로적성 상담사, 독서지도사
2024 한국문학생활회 회원
2024 『문학생활』 여름호 시 부문 신인상

너와 나

김금란

너는 나의
꿈을 이루어주는.
요술지팡이
흔들기만 하면

와그르르
와그르르

나의 품으로 영근 꿈
쏟아져 들어오네

시와 나

김금란

시는 나의 첫사랑
언제든 만나면

와락
껴안게 되는

나의
마지막 사랑

운산 김금란

시인, 서울여자대학교 국문학과 졸업, 1988 월간 동녘 기자
(3년), 1999 대신문화사회교육원 시창작지도사 과정 수료,
2000년 제19회 인천여성백일장 시 부문 당선,
2021 문학신문사 시인 등단, 2022 한국문학생활회 회원

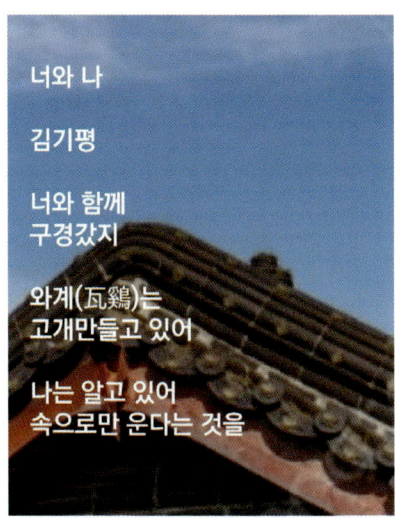

너와 나

김기평

너와 함께
구경갔지

와계(瓦鷄)는
고개만들고 있어

나는 알고 있어
속으로만 운다는 것을

시와 나

김기평

시집온 것도 아닌데에

와이라노

나이 억수로
묵어도 乙이라니에

'농촌의 삶이
그렇습니다
아내는 甲 남편은
乙입니다'

김기평

2008 목포과학대학교 토목조경학과 졸업, 2019『현대문예』시 부문 신인상, 2020『한강문학』시조 부문 신인상, 사)한국문인협회 회원, 2024 한국문학생활회 회원, 시집『하루의 먼지를 털며』,『소를 수리하는 男子』

너와 나

靑春 김대영

너는 누구냐

와사비 맛보다
강렬한 잘읾은
홍어회 향취냐

나의 마음에
스릴을 준 너는
시의 복부인 맞지

시와 나

靑春 김대영

시간이 무섭게
빠르지

와글와글 골목길에
코흘리던 꼬마가
어제 같은데

나는 중년이 되어
노래하는 시인이
되었당께

靑春 김대영

폴리텍 동부산 제7대학전자과 수료
아마추어 축구단 충남 스카이사커 사무국장 10년
ACP 세계대회 2회 참가, 2024 한국문학생활회 이사
2023 『문학생활』 가을호 시 부문 신인상

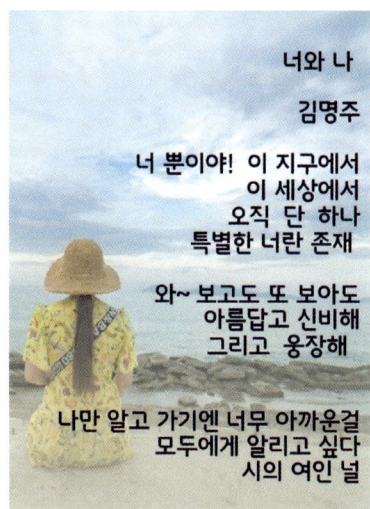

너와 나

김명주

너 뿐이야! 이 지구에서
이 세상에서
오직 단 하나
특별한 너란 존재

와~ 보고도 또 보아도
아름답고 신비해
그리고 웅장해

나만 알고 가기엔 너무 아까운걸
모두에게 알리고 싶다
시의 여인 널

시와 나

김명주

시는 오늘도
나에게
삶을 가르쳐준다

와~~
인식을 달리하니
이렇게도 시로 표현할게 많네

나는 뭘 잘하는지 몰랐는데
시로 표현하니
내가 정말 소중한
존재였음을 깨닫게 된다.

김명주

2001 청암대 피부미용학과 졸업, 피부미용면허증 취득,
인디안헤드 맛사지 수료, 국가미용관리사제1회 자격증 취득,
이혈요법 수료, 김수자 발맛사지 수료, 국제네일아트 수료
2022 한국문학생활회 회원, 2022 『문학생활』 겨울호 시 부문
신인상, 2023 여수관기초등학교 돌봄 교사

너와 나

김선아

너는 나에게 있어서
그 누구보다 소중한 사람

와 하고 쳐다보면

나는 그 누구보다
너에게 소중한 사람

시와 나

김선아

시를 쓴다는 것은
와서 보고 듣고 싶은 마음이 들도록
나의 생각을 전하는 것

김선아

덕성여대 독문학과 졸업
삼성홍보팀 방송제작팀 근무
2022 한국문학생활회 회원,
2022 『문학생활』 겨울호 시 부문 신인상

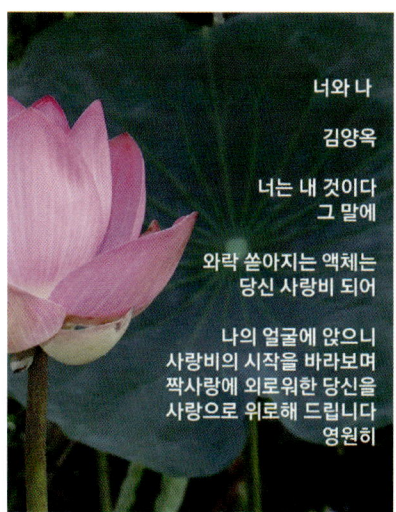

너와 나

김양옥

너는 내 것이다
그 말에

와락 쏟아지는 액체는
당신 사랑비 되어

나의 얼굴에 앉으니
사랑비의 시작을 바라보며
짝사랑에 외로워한 당신을
사랑으로 위로해 드립니다
영원히

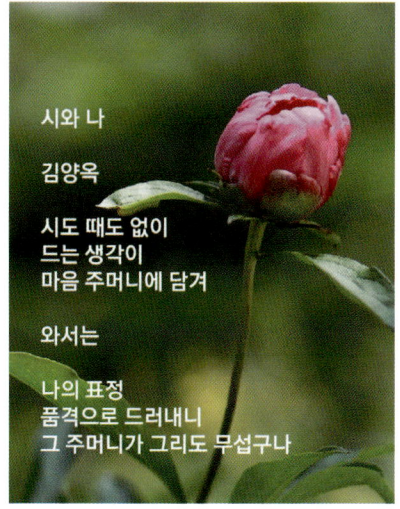

시와 나

김양옥

시도 때도 없이
드는 생각이
마음 주머니에 담겨

와서는

나의 표정
품격으로 드러내니
그 주머니가 그리도 무섭구나

김양옥

동덕여대 한국화과 졸업, 홍익대학교 대학원 한국화과 졸업
단국대, 충북대, 목원대, 한남대, 청주교대, 서원대, 경남대
출강. 2022 한국문학생활회 회원

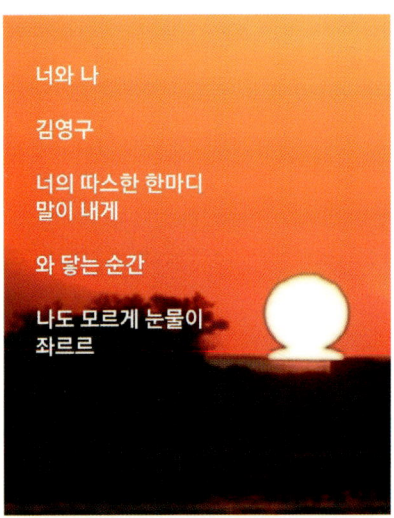

너와 나

김영구

너의 따스한 한마디
말이 내게

와 닿는 순간

나도 모르게 눈물이
좌르르

시와 나

김영구

시간은 자꾸 가는데
마감 시간 다가오는데

와 이리 연락 안 오노
미치고 팔짝 뛰겠네

나 숨넘어가기 일보 직전
좋은 소식 듣고
싱글벙글

김영구

배재 중·고등학교, 동국대학교 국문학과, 대한항공 근무
영진여행사 대표, 한국문학생활회 편집위원 및 감사
2021년 『문학생활』 신인상 수상 등단
2022년 창작수필 신인상 수상, 2023년 한국문인협회 회원
전) 문학생활 편집주간

너와 나

김영수

너를
만날 때면

와락
껴안고 싶다

나는 마음 여린 남자

(설봉호에서)

시와 나

김영수

시골집 기와지붕
햇살이 반짝이면

와송은 곱게 자라
반갑게 웃음주고

나보고 시 한 편 쓰라
매미노래 정겹다

(이천 도예가)

김영수

시조시인, 아동문학가, 충남 논산 출생, 현대전문예대학장,
한국문인협회 / 한국아동문학창작상, 대전 문학상,
대전 문화상, 김영일 아동문학상, 하이트진로 문학상 대상,
한국생활문학상, 겨레시 문학상, 정훈문학상, 인터넷 문학상,
2023 한국문학생활회 자문위원

김태린

시인, 고졸, 간호조무사
한국사이버대학교 건축공학과 재학
2022 한국문학생활회 회원
2024 『문학생활』 여름호 시 부문 신인상

너와 나

너는 나에게 와 짝이 되었다
와 있는 너를 보며
나 또한 너의 짝이 되었네.

-노우혁. 24. 8. 6.-

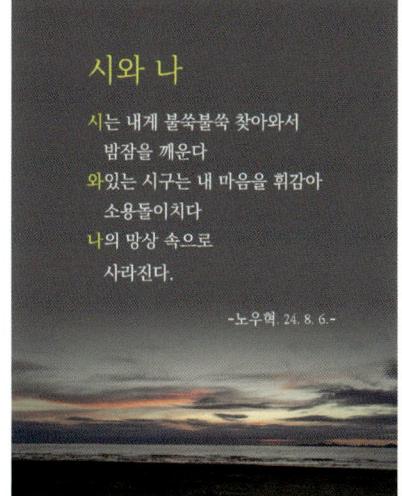

시와 나

시는 내게 불쑥불쑥 찾아와서
밤잠을 깨운다
와있는 시구는 내 마음을 휘감아
소용돌이치다
나의 망상 속으로
사라진다.

-노우혁. 24. 8. 6.-

노우혁

앤바이올렛 도서출판 대표, 도서출판 답게 AD, (사)한국미술협회 회원, 철길따라사생회 회원, 한국문학생활회 편집주간, 문학춘하추동 회원, 그린 책 『세상에서 제일 맛있는 라면』, 『그 별들 잠을 자는 새벽까지』, 『마음 문 열기』 등

너와 나

문병삼

너울 바다
마지막 석양을
붙잡고

와신상담
온갖 어려움과
괴로움을 참고 견뎌온

나만의 시간들이
오늘도 붉게
물들어 간다

시와 나

문병삼

시원한 계곡물에
발 담그고

와중(渦中)
흐르는 물에
담가둔 수박 한 통

나무 그늘 찾아
돗자리 깔고
한 조각씩
붉게 물들여본다

문병삼

대졸, 소금빛 풍천장어 대표
2020 대한민국 한식명장
2023 한국문학생활회 부회장
2023 『문학생활』 봄호 시 부문 신인상

너와 나

민숙영

너의 말에
늘 귀 기울이지

와준
네가 고마워

나의 사랑
시여!

시와 나

민숙영

시가
내게로

와준다면
대환영인데

나는
늘 길을 나선다오

민숙영

『월간문학』 신인상 시 등단, 본회 대상 수상, 『여성문예』 대상 수상, 한국문인협회 회원, 송파문인협회 회원, 문학의집 서울 회원, 2023 한국문학생활회 재무국장, 장금생 문학상, 송암문학상, 시집 『소리가 듣고 싶은때』, 『솔바람 한줌 가져가렴』, 시선집 '시의 힘' 출간

너와 나

박선영

너를
생각하면
배시시
웃음이나

와~
너도
그런 거야?

나를 봐도
행복한 미소가
지어졌으면 좋겠어
행복은 마음에 있다고 해
행복한 일만 생각하자

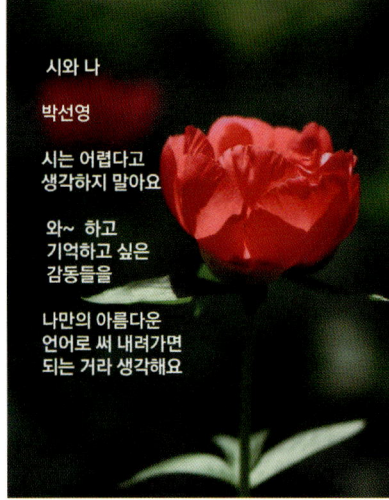

시와 나

박선영

시는 어렵다고
생각하지 말아요

와~ 하고
기억하고 싶은
감동들을

나만의 아름다운
언어로 써 내려가면
되는 거라 생각해요

박선영

1998. 2월 침례신학대학 교회음악과 졸업
2009. 9 ~ 2016. 3 생각하는 정원 큐레이터
2023. 3 세종사이버대학교 문예창작학과 3학년 편입
2023 『문학생활』 여름호 시 부문 신인상
2023 한국문학생활회 회원

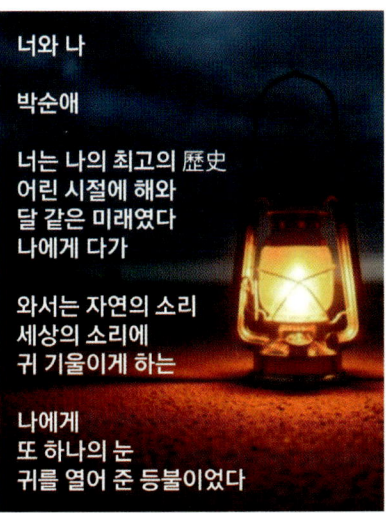

너와 나

박순애

너는 나의 최고의 歷史
어린 시절에 해와
달 같은 미래였다
나에게 다가

와서는 자연의 소리
세상의 소리에
귀 기울이게 하는

나에게
또 하나의 눈
귀를 열어 준 등불이었다

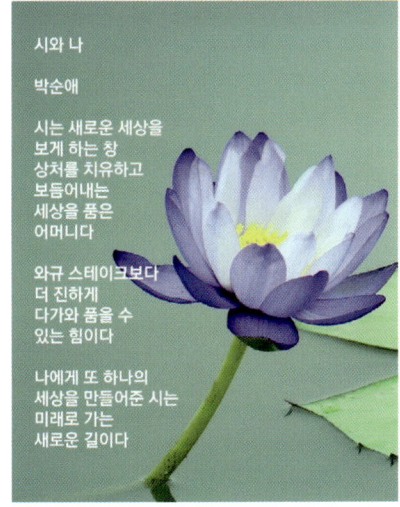

시와 나

박순애

시는 새로운 세상을
보게 하는 창
상처를 치유하고
보듬어내는
세상을 품은
어머니다

와규 스테이크보다
더 진하게
다가와 품을 수
있는 힘이다

나에게 또 하나의
세상을 만들어준 시는
미래로 가는
새로운 길이다

박순애

성균관대학 졸업, 한양대 석사수료
서울교육대학교 평생교육원, 교육지원청, 기업, 공공기관 등 강의, 대한민국역사문화아카데미 회장
2024 『문학생활』 여름호 시 부문 신인상

너와 나

박영길

너울대는 파도를보니

와우 와우라는 말이

나팔소리처럼
멋지게 들린다

시와 나

박영길

시인의 길은

와 ~우 이렇게

나의 삶을
행복한 속으로~~

지산 박영길

서양화가, 한국미술협회 부이사장, 개인전 26회, 국내전 6회 (예술의전당, 코엑스, 한국미술협회전 202회), 국제전(미국, 중국, 홍콩, 개인부스전 203회), 대한민국 미술대전 심사·운영위원·초대작가. 2022 『문학생활』 시 부문 신인상 수상, 2024 한국문학생활회 공동회장

너와 나

박혜주

너에게
내마음 줄께요

와~간절한
내마음

나에게 그대
마음 주세요
그런데
마음은
주는 게 아니라
보는 거래요

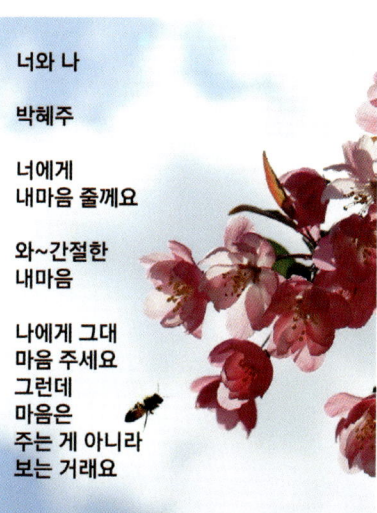

시와 나

박혜주

시는
마음의 창
축약된 삶
인생을
담는 그릇

와인 한잔에
시를 쓰며

나는 사랑의 표현
생각과 인생을
그리는 멋진 시인

박혜주

국제대학 사회체육교육학과 졸업
2024 『문학생활 삼행시』 공저

너와 나

박혜진

너에게
나를 보내고
너 또한

와서 나를
느끼네

나와의
시공간 속에서
무수한 추억을 남기네

시와 나

박혜진

시간의 흐름에
변화하는
존재 세계

와닿아
느껴지는
유무형의 세계

나날이
차원을 높이는
내 안의 시의 세계

박혜진

동국대학교 영문과 졸업
심리치료자격증 1급
전) 잠실어학원 영어 강사, 푸르넷프렌차이즈 운영

너와 나

박효찬

너스레 떨며
함께 한 시간이
벌써라는 단어 앞에

와락 끌어안고 보니
바람 앞에 촛불 같은
힘겨운 숨소리

나풀나풀 거리는
이 시간이 한낮의
꿈속 같다

시와 나

박효찬

시답지 않은
언어는

와장창 쏟아지는
시장통 소음 같다

나의 화자는
은유 뒤에 숨어
숨박꼭질한다

박효찬

한국문인협회, 제주 향우회 평택지부 회원
최충문학상 위원장 및 오산문학 심사위원, 오산예총 자문위원,
오산문협 감사, 더드림전자마트 대표.
시집 『갈밭의 흔들림에도』, 『화려한 나들이』

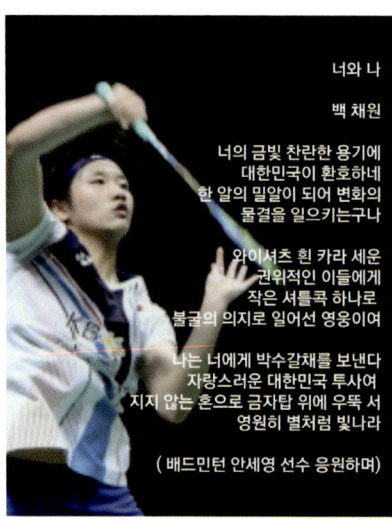

너와 나

백채원

너의 금빛 찬란한 용기에
대한민국이 환호하네
한 알의 밀알이 되어 변화의
물결을 일으키는구나

와이셔츠 흰 카라 세운
권위적인 이들에게
작은 셔틀콕 하나로
불굴의 의지로 일어선 영웅이여

나는 너에게 박수갈채를 보낸다
자랑스러운 대한민국 투사여
지지 않는 혼으로 금자탑 위에 우뚝 서
영원히 별처럼 빛나라

(배드민턴 안세영 선수 응원하며)

시와 나

백채원

시작은 아주 작은
씨앗 같은 마음 하나로
문학생활 시 부문 신인상

와글와글
마음속 어지러운 표현들
머릿속 영글지 못한 단어들

나도 언젠가는 알알이 익어져
벌어지는 석류처럼
빨갛게 빛나는 보석 같은
시들이 열리겠지

백채원

수성대 일어과 졸업, 노인·생활스포츠지도 강사,
힐링명상지도사, 평생학습원교육강사, 치매예방 강사,
아로마 전문지도사, 색채심리전문지도사, 사회복지사,
2022 한국문학생활회 회원,
2023 『문학생활』봄호 시 부문 신인상

너와 나

서영자

너와 나의
만남

와글와글
수다 떨며

나와 한평생
웃으며 잘 살자

시와 나

서영자

시인 되어

와서 보니

나와 너
행복한
인연 되었네

서영자

서울시 무형문화재 제38호 재담소리 전수자
2023 대한민국 국악 명인
2024 한국문학생활회 회원

너와 나

손분익

너는 어디쯤
인생의 종착역에

와 있는지?
사랑의 종착역

나는 귀한 씨를 심고
변함없이 관리
하리로다

시와 나

손분익

시간 따라
흘러가는
생활속에서

와닿는
아름다운 추억

나는 밝은
생명길 향해
달려가리라

손분익

은하아파트 총무
경주여고 동창회 총무
2022 한국문학생활회 회원

너와 나

손유순

너를 알면서
바뀐 나의 삶

와 이리 좋을까

나의 마음은 풀 한 포기도
시가 되고 그림이 되는
시인이다

시와 나

손유순

시인이 펼친
설봉호수
시화전

와글와글
이천 사람
잔치 한마당

나도
시인 되어
시속에
함께 있다

소정 손유순

1990 소정도예연구소장, 1990 명지대학교 산업대학원 도자기기술학과 수료, 2014 계간 『가온문학』 시 부문 신인상, 2020 『생활문학』 수필 부문 신인상, 2021 대한민국 도예명장(도전한국인), 2022 대한시문학협회 이사, 시 부문 문학상, 2022 한국문학생활회 감사, 2023 한국문학생활회 이사, 사무국장, 편집위원

너와 나

손혜숙

너는 기회가 되어
내 곁에 와 주었고

와르르 무너진 세월
정겨운 시의 님이
나를 맞이하네

나를 초대한
시의 세계로 한 걸음 더
속도를 내보자

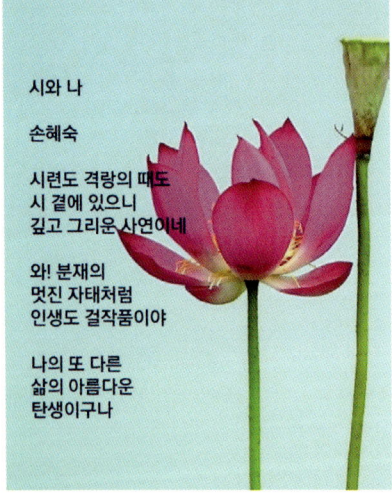

시와 나

손혜숙

시련도 격랑의 때도
시 곁에 있으니
깊고 그리운 사연이네

와! 분재의
멋진 자태처럼
인생도 걸작품이야

나의 또 다른
삶의 아름다운
탄생이구나

명심 손혜숙

전북여고 졸업
자격증(심리상담, 꽃꽂이 사범)
2022 『문학생활』 겨울호 시 부문 신인상
2022 한국문학생활회 회원, 2023 한국문학생활회 이사

너와 나

신현주

너울대는
물결 너머

와이어
전선에
줄 서있는
새들

나부끼는
바람사이로
춤추는 영혼

시와 나

신현주

시는
인생의 노래

와인 한잔 처럼
달콤하게

나의 희로애락
읊조리네

신현주

이화여대 법학과 졸업
시인, 피아노 강사, 반주자
2022 한국문학생활회 회원
2022 대한시문학협회 시 부문 신인상

너와 나

안영섭

너에게 나는
문학기행 시화전
개최를 알고 있는
사람들 중에

와도 그만
오지 않아도
그만인 사람 인지는
모르지만

나에게 너는
시화전에 참석한
너를 보면 행복하고
안 보이면 불안하고 걱정되는
그리운 사람 이란다

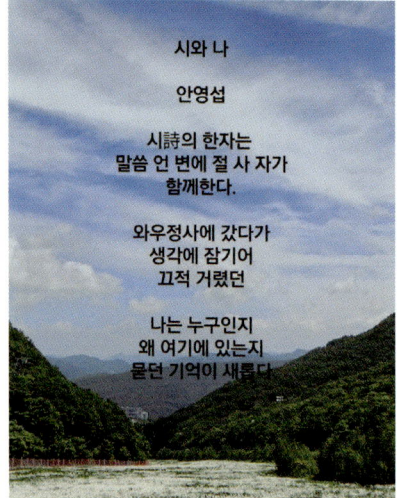

시와 나

안영섭

시詩의 한자는
말씀 언 변에 절 사 자가
함께한다.

와우정사에 갔다가
생각에 잠기어
끄적 거렸던

나는 누구인지
왜 여기에 있는지
물던 기억이 새롭다

안영섭

시, 수필, 대학원 졸업(농학박사)
농촌진흥청 국립원예특작과학원 농업연구직(1986-2017년)

너와 나

오서연

너 좋고 나 좋고
산 좋고 물 좋으면
그만이지만

와~ 이리도
고민하고 사니

나를 알고 너를 대하면
그것이 인생의 오작교

시와 나

오서연

시가 나를 부르네
나는 생각하네

와~이리
바쁘게 사노

나를 찾고 부르자
시의 향연속으로~

오서연

송원전문대학교
피부관리사, 스포츠맛사지 3급 지도자, 소방안전원 2급
사단법인 댄스 자격증, 정리 수납 전문가 2급

너와 나

우경연

너의 모든 것
영감 직감 생각

와신상담의
정신

나는 너만
영원히 사랑하며
살거야

시와 나

우경연

시는 비유
한 권의 책
인생 축약

와닿았네
시의 미학

나는
너의 향기로
가득채우리

우경연

부산 카톨릭대(구 지산간호 전문대) 물리치료과 졸업
한국방송통신대 국문학과 졸업, 한양대 행정자치대학원 수료
시인, 물리치료 30년, 현 특수치료 과장
2022 한국문학생활회 회원

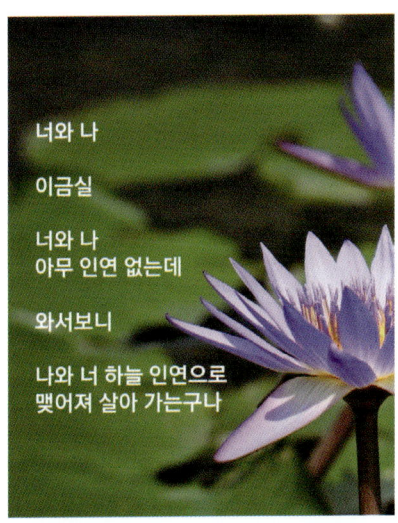

너와 나

이금실

너와 나
아무 인연 없는데

와서보니

나와 너 하늘 인연으로
맺어져 살아 가는구나

시와 나

이금실

시작을 하고

와 보니

나 여기 시인의 길을
가고 있네

이금실

한식 자격증
도형 심리 상담
한국문학생활회 회원

너와 나

이나영

너 홀로 외로이
그 길을 가려느냐

와닿은 심정에

나도 너도 마음
손 잡고 남은
인생길을 가야 한다

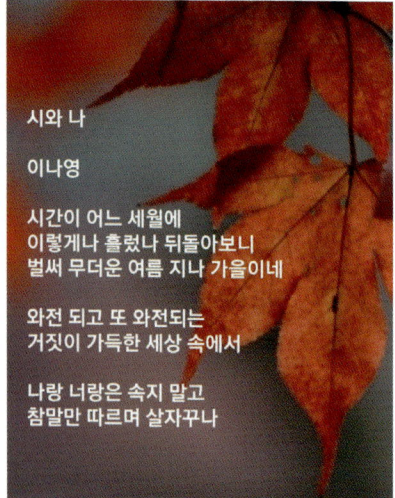

시와 나

이나영

시간이 어느 세월에
이렇게나 흘렀나 뒤돌아보니
벌써 무더운 여름 지나 가을이네

와전 되고 또 와전되는
거짓이 가득한 세상 속에서

나랑 너랑은 속지 말고
참말만 따르며 살자꾸나

이나영

고려사이버대 휴학
명쾌한 한의원 4년차, 모아트튼 정형외과 2년차
2024 『문학생활 삼행시』 공저

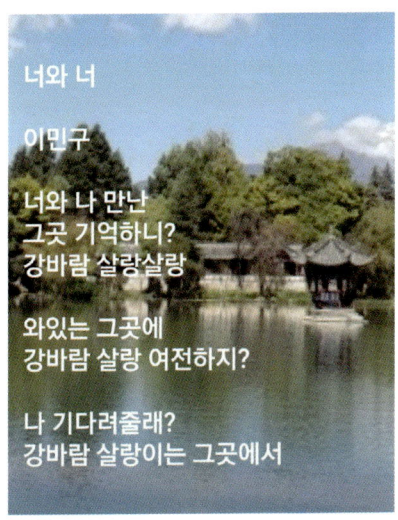

너와 너

이민구

너와 나 만난
그곳 기억하니?
강바람 살랑살랑

와있는 그곳에
강바람 살랑 여전하지?

나 기다려줄래?
강바람 살랑이는 그곳에서

시와 나
이민구

시집 책 한 권
선물해 줄까?

와닿는 좋은
책이거든

나도 감동했어
한국문학생활회
문학생활

이민구

국악 30년, 민화 30년
회원전 17회, 개인전 7회
현) 국악자격협회 부회장, 국악신문기자, 국악협회 심사위원,
2024 한국문학생활회 회원

너와 나

이성호

너무 힘든 세월

와신상담(臥薪嘗膽)

나의 걸음 석양으로

시와 너

이성호

시간 가는줄 모르는 잡기에

와! 허송세월 신선놀음

나는 덧 없이 지나가네

백고 이성호

경북 봉화 출생, 수필가, 봉화군청 공무원 정년 퇴임(31년),
《생활문학》 신인상·수필 부문 작품상·수필 부문 대상 수상,
한국문인협회 회원, 국무총리상, 내무, 재무장관상 수상,
2023 한국문학생활회 자문위원

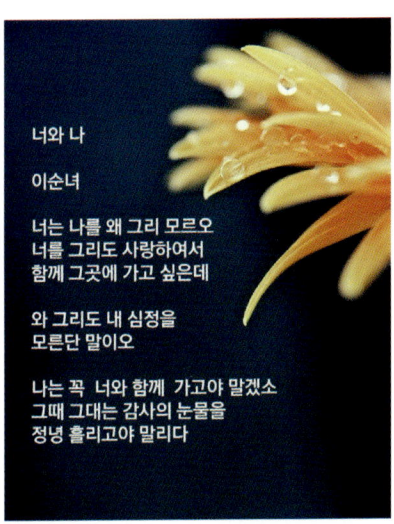

너와 나

이순녀

너는 나를 왜 그리 모르오
너를 그리도 사랑하여서
함께 그곳에 가고 싶은데

와 그리도 내 심정을
모른단 말이오

나는 꼭 너와 함께 가고야 말겠소
그때 그대는 감사의 눈물을
정녕 흘리고야 말리다

시와 나

이순녀

시인이 되어 사는
차원 높은 삶

와! 놀랍다
감탄이로다

나의 일생에
첫 시부문
신인상까지
받게 될 줄이야
오직 하나님께
감사뿐입니다

이순녀

속초 에띠임 모아 지사장
THE 바른 체형관리사 2급
2024 한국문학생활회 회원

너와 나

이순자

너의 입술에
맺힌 이슬이

와 연두색 풀잎을
반짝이게 하네

나도 바람처럼
아침인사 가야지

시와 나

이순자

시를
읊을 때마다

와 내 마음
쏠리네

나도 시 한 편
적어볼까

이순자

10년간 대련 조선족 문학회 회원겸 이사, 감사
중국 연변문학 장백산 청년생활 수필 우수상,
연변여성 도라지 잡지사에 여러번 수필 발표
중국 애심 여성컵 제8기 가작상 수상
2024 한국문학생활회 해외 이사

너와 나

이영선

너는 왜
태어났냐고
물으신다면

와도 그만 가도 그만인
나그네 같지만

나는 세월지나 먼 훗날
명시를 남길걸세
지켜 보시게

시와 나

이영선

시를 쓴다는 게
그리어렵지는 않아서
매 순간순간에 일들을
그대로 써 봤는데

와~ 내 생에
첫 시 부문 신인상
받게 되었어

나도 이젠 시인이란
이름표를 달았으니
감동해 주는 시를 써야지

이영선

광산 광맥찾는 지질조사 14년
건설현장 (그라우팅)공사 30년
2024 한국문학생활회 회원

너와 나

이영종

너를
첨 본 순간

와락
끌어안고

나랑 천년 살이
고백했지

시와 나

이영종

시의 여인
윙크하며

와 보라
손짓하길래

나이 체면 없이
따라나섰네

축복 이영종

서남대학교 건축과 중퇴, 섭리신학 졸업
대둔그룹 의전(비서실장)
2022 『문학생활』 겨울호 시 부문 신인상
2023 한국문학생활회 이사

이옥진

세한대학교 미술학과 문인화 졸업
청운서화캘리연구실 대표
초대작가전, 교류전, 개인전 다수

너와 나
　　　　성철 이주성

너와 나는 아스라이
먼 곳에서도
알지 못했는데

와 닿을듯한 마을
서쪽기슭
호랑이 토끼의
전설로 만나

나는 청량한
마음 펼치며
오늘도 내일도
미소 머금고
살아가고 있네

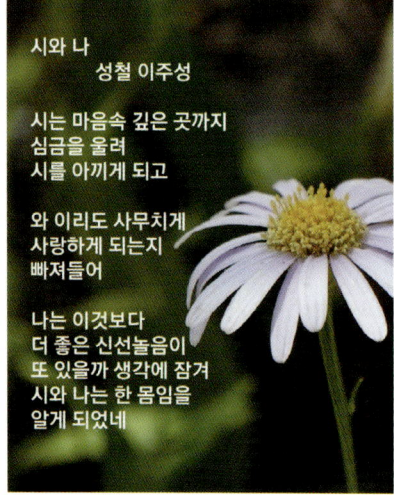

시와 나
　　　　성철 이주성

시는 마음속 깊은 곳까지
심금을 울려
시를 아끼게 되고

와 이리도 사무치게
사랑하게 되는지
빠져들어

나는 이것보다
더 좋은 신선놀음이
또 있을까 생각에 잠겨
시와 나는 한 몸임을
알게 되었네

이주성

공주고 졸업, 방통대 행정학과 졸업
詩 1년, 국가중요문화유산 지킴이 활동 2년
공무원 정년 퇴직, 38년 공직·공주시 반포면장 등 역임
전) 공주시민단체 협의회 공동대표 2년, 조경기능사 1년

너와 나

이주은

너 가던
길을 멈춰 봐

와서 우리
대화하자

나와 너 이제
영원히 행복한 길
동행하고 싶구나

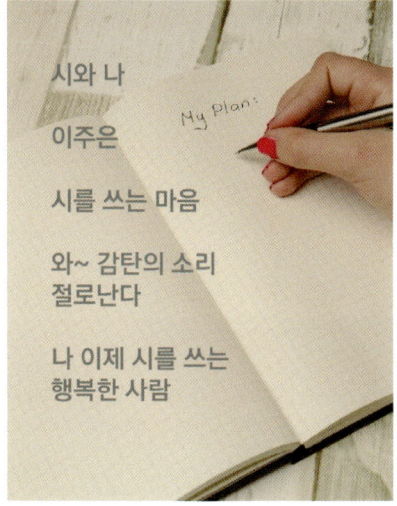

시와 나

이주은

시를 쓰는 마음

와~ 감탄의 소리
절로난다

나 이제 시를 쓰는
행복한 사람

이주은/신부

시인, 충남대학교 영문과 졸업
중, 고등학교 교사 15년, 학원 영어강사 2년
2022 한국문학생활회 회원
2022 『문학생활』 겨울호 시 부문 신인상

너와 나

노을 이하경

너로하여 행복이라
사랑스런 눈길이여

와서보오 넘친기쁨
그와함께 행함이라

나와너는 천생연분
영원까지 빛나리라

시와 나

이하경

시나브로 차원 높여
빛이 나는 여인이여

와서 보고 행해보니
하늘 역사 참역사라

나를 쓰고 행하시려
무한 사랑 쏟으시네

이하경

서울 경복비지니스고(전 경복여자상업고)
간호조무사, 주야간보호센타 근무 중
한국문학생활회 회원
2024년 『문학생활 삼행시』 공저

너와 나

이현원

너희들에게 대놓고
말하진 않았지만

와도 반갑고 가면 더
반가운 게 손주인데

나의 큰소리
'언제고 필요하면
애들 데리고 오너라'

시와 나

이현원

시에는 인생이
숨겨있고

와인잔에는
낭만이 담겨 있고

나는 그들에 취해
꽃길만 걷노라

이현원

고대 경제학과 졸업, 2013년 11월 월간 〈문예사조〉 시 부문 신인상 수상, 2015년 7월 월간 〈한국수필〉 수필 부문 신인상 수상, 한국문인협회 회원, 한국현대시인협회 회원, 한국수필가협회 회원, 학여울문학회 회장. 2024 한국문학생활회 부회장, 문예사조문학상 수상, 한국창작문학상 수상, 문학생활문학상 대상 수상, 시집 『그림자 따라가기』, 『구부러진 그림자』

너와 나

임은심

너와나
맞이한 여름

와 ~ 강렬한
햇빛속에

나무의 푸르름같이
우리 사랑도 익어가네

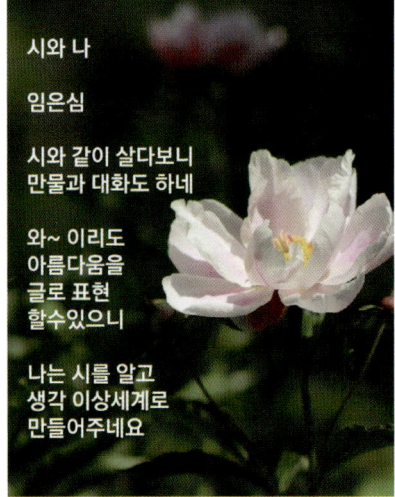

시와 나

임은심

시와 같이 살다보니
만물과 대화도 하네

와~ 이리도
아름다움을
글로 표현
할수있으니

나는 시를 알고
생각 이상세계로
만들어주네요

임은심

송원대학교 유아교육과 졸업
몬테소리 교사, 프리랜서
2024 『문학생활』 여름호 시 부문 신인상

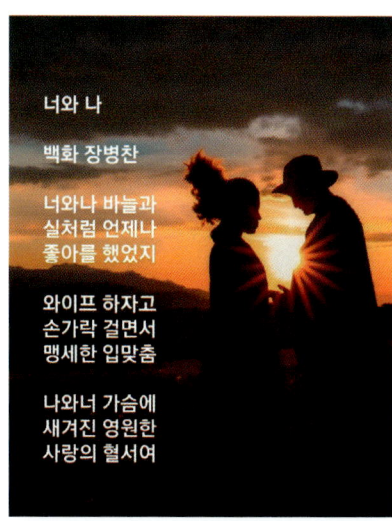

너와 나

백화 장병찬

너와나 바늘과
실처럼 언제나
좋아를 했었지

와이프 하자고
손가락 걸면서
맹세한 입맞춤

나와너 가슴에
새겨진 영원한
사랑의 혈서여

시와 나

백화 장병찬

시리고도
아린추억
못다이룬
문학의꿈

와신상담
먹을갈고
붓을들어
매진하니

나의갈길
밝혀주는
등불같은
문학생활

백화 장병찬

부산상고, 경희대 경영학과, 연세대 신학 대학원, ㈜진세교역
대표이사, 한국생활문학 부회장 역임, 문학의뜰 부회장
자유문예 시 등단(2006년 6월), 한국생활문학회 시 등단
공동 시집 『그곳에 내가 있었네』(5인), 『풀지 못한 이야기』(7인)
청옥문학협회 회원, 현인문학회 회원, 한국문인협회 회원

너와 나

정명자

너울너울
나래짓 하며

와보라는 이
하나도 없었건만

나만 두고 날아가버린
그대 젊은꿈

시와 나

정명자

시련은 파도같아
휘몰아치고

와본 적 없는
초행 인생길에

나 이만하면
잘 살아왔네

정명자

천아트, 고졸(검정고시), 한국 천아트 예술협회 포항 지부장
해원공방 대표, 2022 한국문학생활회 회원
2023 『문학생활』 시 부문 신인상
2023 천아트 명인(도전한국인본부)

너와 나

정은지

너그러운 맘으로
너를 사랑하고

와신상담하듯
살아도

나와 넌
언제나 평형선

시와 나

정은지

시에 젖어 살다보면

와락 눈물이 솟구쳐요

나는 언제나 천상을 걷는 선녀

미호 정은지

시인, 위덕대학교 사회복지대학원 복지 전공(석사),
한국예술협회 천아트. 현) 한국섬유아트협회(포항 지부장).
산아래핀풀꽃이야기 대표

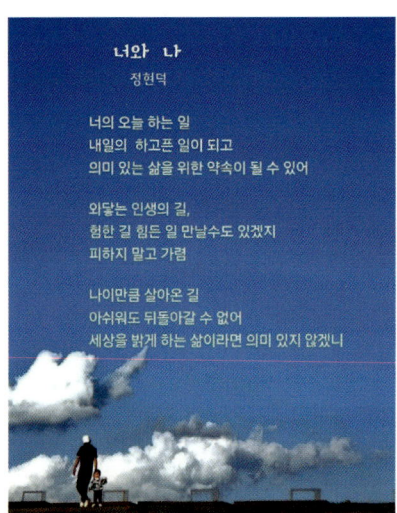

너와 나

정현덕

너의 오늘 하는 일
내일의 하고픈 일이 되고
의미 있는 삶을 위한 약속이 될 수 있어

외닿는 인생의 길,
험한 길 힘든 일 만날수도 있겠지
피하지 말고 가렴

나이만큼 살아온 길
아쉬워도 뒤돌아갈 수 없어
세상을 밝게 하는 삶이라면 의미 있지 않겠니

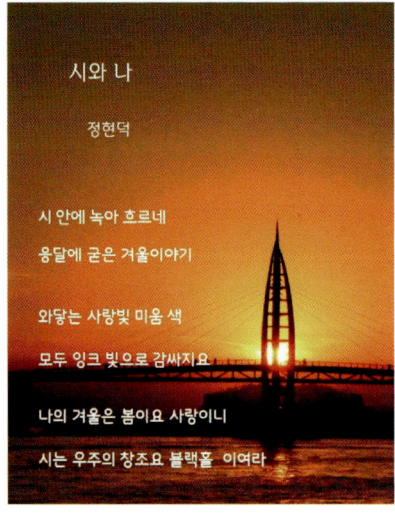

시와 나

정현덕

시 안에 녹아 흐르네

응달에 굳은 겨울이야기

와닿는 사랑빛 미움 색

모두 잉크 빛으로 감싸지요

나의 겨울은 봄이요 사랑이니

시는 우주의 창조요 블랙홀 이여라

추광 정현덕

경남 사천 출생. 한국사진문학협회 정회원, 대한시문학협회 정회원. 서울시인협회, 여울아라 동인, 옥저문학동인, 한국문학생활회 이사. 대한시문학협회 문학상 최우수상(2021) 당선, 중앙선관위 사진전 특별상, 디카시 너머의 마을에는(공저). 現, 대한시문학협회 사무차장, 서울특별시 시민기자, 문화복지사

너와 나

조계자

너와 나 우리
후회 없이
사랑 주고
사랑받고

와인 향기처럼
은은하게
때론 포도주처럼
정열적으로

나도 너도
우리가 모두
후회 없는 사랑 하자

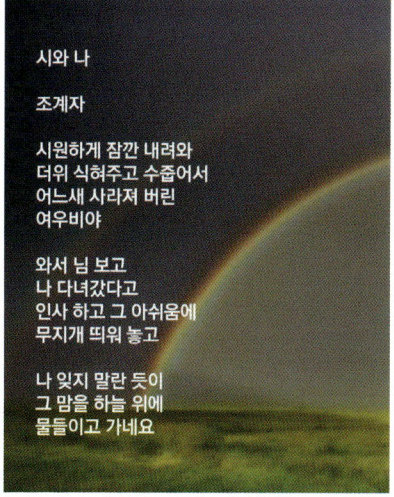

시와 나

조계자

시원하게 잠깐 내려와
더위 식혀주고 수줍어서
어느새 사라져 버린
여우비야

와서 님 보고
나 다녀갔다고
인사 하고 그 아쉬움에
무지개 띄워 놓고

나 잊지 말란 듯이
그 맘을 하늘 위에
물들이고 가네요

조계자

평택여자종합고등학교, 경기합동법률사무소 (공증실) 근무
자영업 (대영마트 BYC), 행복한 동행 재능기부 사업장
시와 나 동아리 회원

너와 나

지경숙

너를 처음 본 순간
우주가 멈추듯

와! 이루
말할 수 없는
무한한 행복

나의 소망
이루었네

시와 나

지경숙

시를 통해
인생의 귀한
삶을 느끼며

와! 힘내자

나 자신을
뒤돌아보며
행복의 경지를
이루네

지경숙

경기수산 직판장 대표
2024 한국문학생활회 회원

너와 나

최운선

너 요조숙녀 답게
살아왔는데

와인 한잔에
무너지는 나 진정한

너의 동반자가
될 수 있을까

시와 나

최운선

시라고 쓴 것이
너무 허접스러워

와인 한잔
하였는데

나는 그시가
왜 그렇게 좋을까

최운선

문학박사(단국대 대학원 국어국문학),
전) 장안대학교 디지털 문예창작과 교수/학과장 역임, 복사골
문학회 회장 역임. 현) 최충문학상 운영위원장, 한국시조문학
전국시조 백일장 금상 수상, 한국문학생활회 상임회장

너와 나

한경옥

너울거리는
지평선
너머로
아지랭이
피어오르며

와서보라고
손짓하네

나의 맘 이끌리어
한달음에 달려가네

시와 나

한경옥

시원한 폭포수에
찬란한 사랑의
물줄기가 흐르고

와~
감탄과 환희에
가득차

나의 맘에
쉼을 얻는다

한경옥

살구미사과농원(농장주)
2024 한국문학생활회 회원

너와 나

한순남

너를 만나
기쁨을 얻었네

와!! 이런
신비하고
경이로움이

나의 마음 심정을
알아주는 건
너 뿐이야

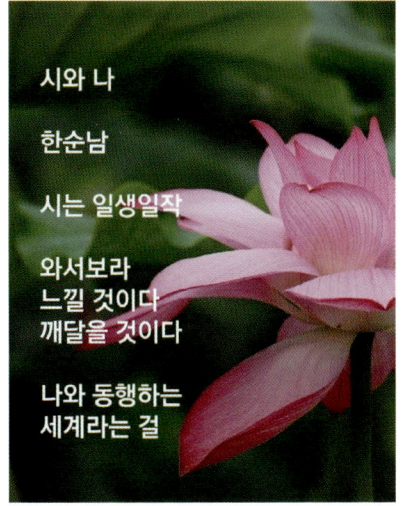

시와 나

한순남

시는 일생일작

와서보라
느낄 것이다
깨달을 것이다

나와 동행하는
세계라는 걸

호정 한순남

여수여자고등학교 졸업,
2024 한국문학생활회 이사
2023 『문학생활』 겨울호 신인상

너와 나

한천우

너희들이 아프면
내 심장에
못이 박힌듯 아프고

와르르 무너지는
희망들이 가루 되어
눈물로 쏟아낸다

나머지 인생에서 바람은
네가 아프지 않기를
바랄 뿐이다

시와 나

한천우

시작(詩作) 하면서
시간을 보며 글을 씁니다

와전되지 않도록
독자들에게
진실이 통하도록

나는 틈이 있을 때마다
고치고 또 고치는
글을 쓰는 사람

한천우

한국 방송통신대학교 국어국문학과, 1993년 목우회 미술대전
초대작가 그 외 미술세계 등 17회 입선, 특선, 우수상 수상,
1993년 인천 구상작가 창설 회원, 인천 사생 회원
전 한진공인중개사 대표, 2024 한국문학생활회 회원

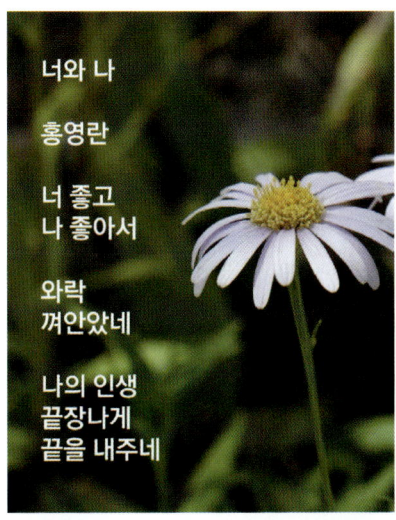

너와 나

홍영란

너 좋고
나 좋아서

와락
껴안았네

나의 인생
끝장나게
끝을 내주네

시와 나

홍영란

시작한 지
오래됐다

와보라

나 여기 있다

홍영란

2022 한국문학생활회 회원
2023 『문학생활』 겨울호 시 부문 신인상

너와 나

황도천

너는 내게 있어
가장 소중한 사람

와 하고 감탄이
절로 나오는 사람

나는 그런
네가 너무좋아

시와 나

황도천

시화전을 하니

와 보세요

나이 불문하고
초대장을 보냅니다

황도천

카톨릭관동대학교 환경공학과 졸업
2024 한국문학생활회 회원
2024 『문학생활 삼행시』 공저

| 초대 작품 |

너와 나

권려화

너의
오묘하고
깊은
한마디가

와닿아

나를 움직이게
하는구나

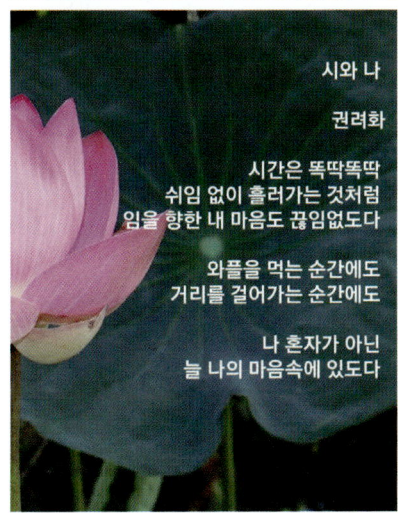

시와 나

권려화

시간은 똑딱똑딱
쉬임 없이 흘러가는 것처럼
임을 향한 내 마음도 끊임없도다

와플을 먹는 순간에도
거리를 걸어가는 순간에도

나 혼자가 아닌
늘 나의 마음속에 있도다

권려화

중국 연변대학교
조명회사 근무,
시와 나 동아리회 회원

| 초대 작품 |

너와 나

月明 김민정

너와 내가
한 마음이면

와락 안고

나비처럼
날 거야

시와 나

月明 김민정

시린
가슴으로

와도 언제나
괜찮아

나는 그대의
모든 것을
사랑하니까

월명 김민정

사주, 타로, 스마트심리상담 원장, 시인, 가수, 요가지도자, 투사 그림 심리상담사, 대지문학 동인, 2020 문화영성 월간지 11호 기고, 삼행시 문학상 금상, 2024 한국을 빛낸 사람들 대상(심리상담)

| 초대 작품 |

너와 나

김주법

너와 갔던 모든 곳이

와서 했던 모든 것이

나의 삶에 전부라네

시와 나

김주법

시를 못쓴다고
했던 내가

와르르
나의 생각을 버리니

나의 생각을 담은 운율이
우르르 휘몰아 치는구나

김주법

두원공과대학 졸업
삼영필텍, 삼호건영, 세보엠이씨,
오일풀러싱 장비 연구소 근무, 건설 관리감독자
시와 나 동아리회 회원

| 초대 작품 |

너와 나

김주연

너라는 존재를
알게 되어

와! 왁자지껄
모임 속에서
행복과
웃음꽃을 서로
나누네
행복이 별거더냐
이것이로다

시와 나

김주연

시의 매력은
어디까지인가

와 어려운거
같으면서도 쉽고
쉬운것 같으면서도
어렵고

나의 정신줄을
확 쥐어잡는구나
이것이 너(詩)의
매력인가보구나

김주연

의류회사 사무직,
시와 나 동아리회 회원
2024 『문학생활 삼행시』 공저

| 초대 작품 |

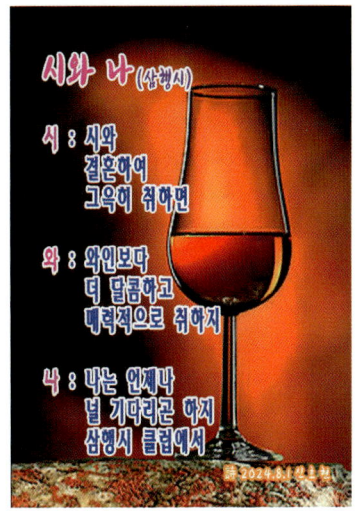

신호현

교단문학 신인상 등단(1999. 시), 아동문학예술 신인상 등단(2021, 동시), 한국문협, 국제펜한국본부 회원, 한국대경문학 이사, 종로문협 감사, 송파문인협회 사무차장, 종로문학상 성천문학상 타고르문학상, 시집『통일이 답이다』외 7권
현재 배화여자중학교 진로상담 부장

| 초대 작품 |

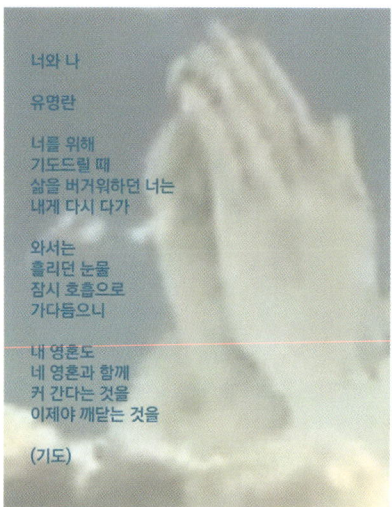

너와 나

유명란

너를 위해
기도드릴 때
삶을 버거워하던 너는
내게 다시 다가

와서는
흘리던 눈물
잠시 호흡으로
가다듬으니

내 영혼도
네 영혼과 함께
커 간다는 것을
이제야 깨닫는 것을

(기도)

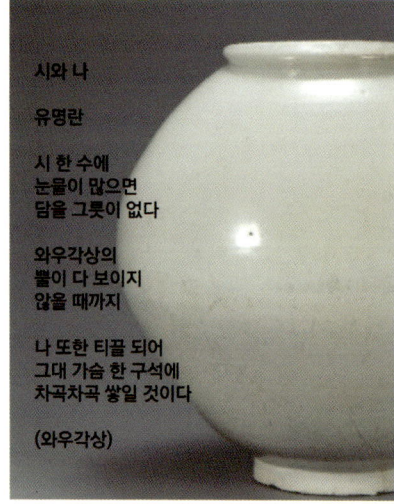

시와 나

유명란

시 한 수에
눈물이 많으면
담을 그릇이 없다

와우각상의
뿔이 다 보이지
않을 때까지

나 또한 티끌 되어
그대 가슴 한 구석에
차곡차곡 쌓일 것이다

(와우각상)

유명란

지에이코리아 수유지사 대표
2024 『문학생활 삼행시』 공저

| 초대 작품 |

너와 나

이유리

너의 이 끊임없는
사랑과 희생 속에

와해되지 않고
찬란한 희망을 꿈꾸며
오늘도 이 길을
갈 수가 있어

나의 존재 이유가
되어줘서 정말로
고마워요

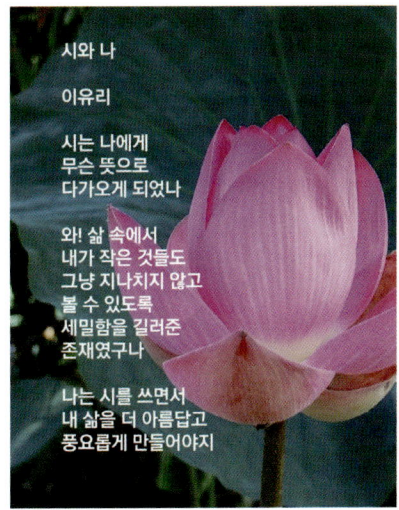

시와 나

이유리

시는 나에게
무슨 뜻으로
다가오게 되었나

와! 삶 속에서
내가 작은 것들도
그냥 지나치지 않고
볼 수 있도록
세밀함을 길러준
존재였구나

나는 시를 쓰면서
내 삶을 더 아름답고
풍요롭게 만들어야지

이유리

동의대학교 일어일문학과
어린이집교사 4년 학습관리교사
시와 나 동아리회 회원

| 초대 작품 |

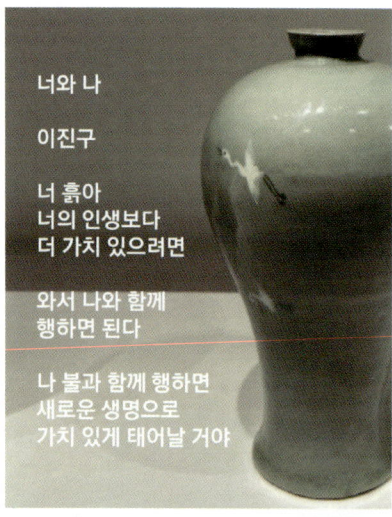

너와 나

이진구

너 흙아
너의 인생보다
더 가치 있으려면

와서 나와 함께
행하면 된다

나 불과 함께 행하면
새로운 생명으로
가치 있게 태어날 거야

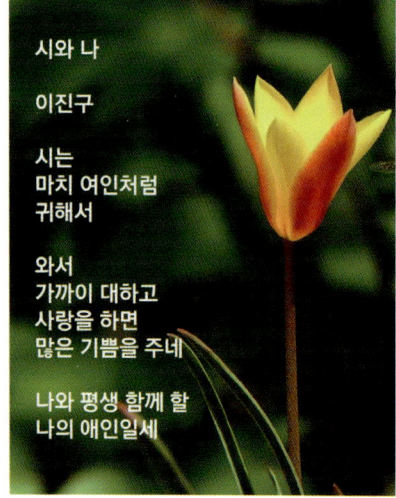

시와 나

이진구

시는
마치 여인처럼
귀해서

와서
가까이 대하고
사랑을 하면
많은 기쁨을 주네

나와 평생 함께 할
나의 애인일세

이진구

대구대학교 직업재활학과 졸업
2024 『문학생활 삼행시』 공저

| 초대 작품 |

너와 나

이혜원

너울거리는
바닷속을

와닿는 물결따라
헤엄치는

나와 너의 유영(游泳)

시와 나

이혜원

시작은
별하나

와르르 떨어지는
별똥별

나의 시집은
눈부신 밤하늘

이혜원

포항대학교 졸업
페브릭 디자이너
2024 『문학생활 삼행시』 공저

| 초대 작품 |

시와 나

임석복

시작이
반이라는
말도 있는데

와서 보니
그리 어려운
일도 아닌 것을

나는 생각이
너무 많았구나

임석복

인천대 기계공학과 졸업
2024 『문학생활 삼행시』 공저

| 초대 작품 |

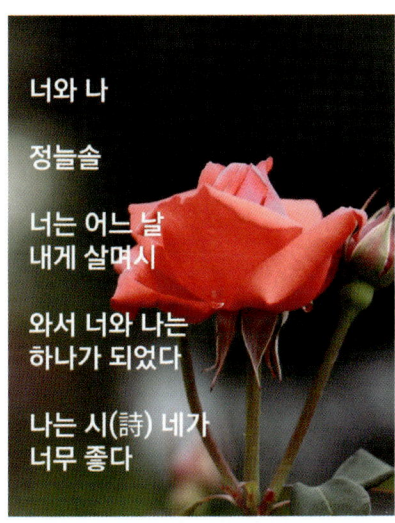

너와 나

정늘솔

너는 어느 날
내게 살며시

와서 너와 나는
하나가 되었다

나는 시(詩) 네가
너무 좋다

시와 나

정늘솔

시는 구상이
생명이다

와~~
여기를 보아도
저기를 보아도

나와 시가 하나되어
구상이 마구마구
떠오른다

정늘솔

초당대학교 사회복지학과 졸업
사회복지사(1급), 미술심리상담사(2급), 풍선장식사(2급)
하나사랑회 봉사단체 팀장 역임
아동복지시설 근무(3년), 현대건설회사 근무(1년)
풍산건설회사 근무(2년), 시와 나 동아리 회장(현재)

| 초대 작품 |

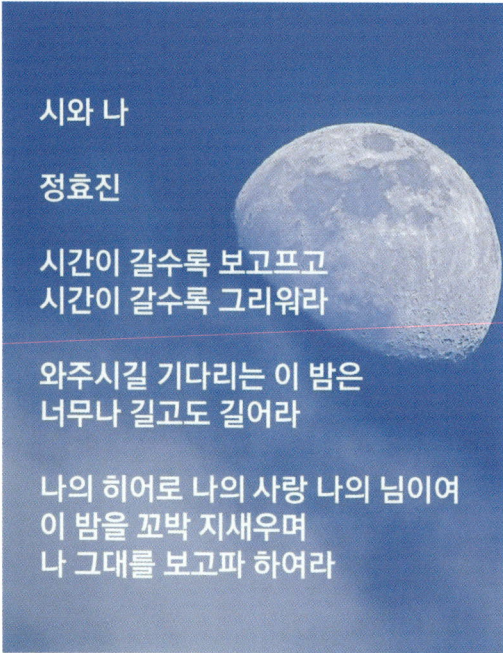

시와 나

정효진

시간이 갈수록 보고프고
시간이 갈수록 그리워라

와주시길 기다리는 이 밤은
너무나 길고도 길어라

나의 히어로 나의 사랑 나의 님이여
이 밤을 꼬박 지새우며
나 그대를 보고파 하여라

정효진

고대 대학원 런던 유학
2024 『문학생활 삼행시』 공저

| 초대 작품 |

너와 나

조혜련

너는 깨를 볶는다
뜨거움을 볶는다
나비처럼 살짝

와서는
짝사랑의
애절함을 볶는다

나는 설레임에
깨가 쏟아지는
밥상을 받고
부끄러워 너 몰래
엷은 미소 짓는다

(짝사랑 one-sided love)

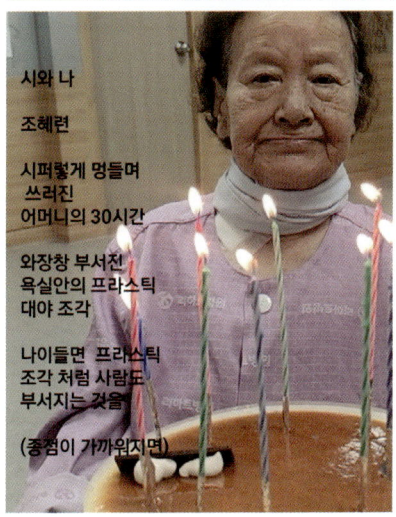

시와 나

조혜련

시퍼렇게 멍들며
쓰러진
어머니의 30시간

와장창 부서진
욕실안의 프라스틱
대야 조각

나이들면 프라스틱
조각 처럼 사람도
부서지는 것을

(종점이 가까워지면)

조혜련

아리아바이올린 학원장
2024 『문학생활 삼행시』 공저

| 초대 작품 |

시와 나

최유진

시란 무엇인가
고민해 보았다
고민해 보니
시는 아름다움과
서정적이다

와전되지
않은 시는

나의 마음을
사랑으로
가득차게
만들어주네
시는 참 아름답다

최유진

서울 금옥여자고등학교 졸업
2024 한국문학생활회 시화전(을지로4가역 아뜨리愛 갤러리)
2024 『문학생활 삼행시』 공저

| 초대 작품 |

너와 나

추인숙

너는 나에게 하나뿐인
영원한 황금빛 무지개

와서 보니 형형색색
일곱 빛깔 빛이여

나에게 언제까지
사라지지 않는
영영한 빛 되리

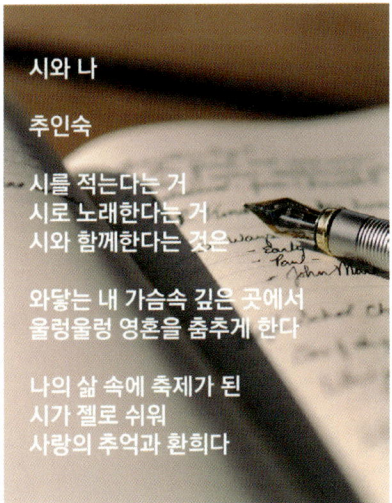

시와 나

추인숙

시를 적는다는 거
시로 노래한다는 거
시와 함께한다는 것은

와닿는 내 가슴속 깊은 곳에서
울렁울렁 영혼을 춤추게 한다

나의 삶 속에 축제가 된
시가 젤로 쉬워
사랑의 추억과 환희다

추인숙

삼천포 여자 고등학교 졸업
부산대학병원 근무 역임
서울 힘찬병원 근무 중

01. 가철노님	가 : 가을사랑 오색밀어 단풍잎에 새겨놓고 철 : 철새울음 구슬프게 갈대꽃을 울리는데 노 : 노을지는 강변에서 시를쓰는 시인이여 님 : 님의향기 시가되어 한국문단 밝히도다
02. 구희은님	구 : 구구절절 엄마사랑 엄마되어 엄마알고 희 : 희망주고 사랑주는 하나님을 믿게되어 은 : 은혜은총 축복으로 엄마위해 기도하네 님 : 님의사랑 엄마사랑 하늘같이 고귀하리
03. 권성남님	권 : 권불십년 낙화유수 흘러가는 세상만사 성 : 성인군자 가는길이 문학의길 등단의길 남 : 남모르게 흘린눈물 시가되어 미소짓네 님 : 님이시여 당신이여 그대사랑 시를쓰리
04. 김경인님	김 : 김이서린 창가에서 귀뚜라미 울어예니 경 : 경련처럼 저려오는 잊지못할 사랑추억 인 : 인적없는 오솔길을 홀로걷는 가슴속에 님 : 님그리운 사랑향기 시가되어 피어나네
05. 김금란님	김 : 김장김치 새콤짭잘 은근한맛 적었는데 금 : 금빛으로 반짝이는 멋진시가 탄생했네 란 : 난초보다 솔잎보다 향기로운 명작명시 님 : 님이시여 여왕이여 그대이름 영원하리
06. 김기평님	김 : 김치찌개 안주삼아 약주한잔 걸쳤더니 기 : 기발나게 떠오르는 꿈결같은 고운시심 평 : 평범하게 적었건만 보석처럼 반짝이네 님 : 님의향기 문학향기 한국문단 빛내리라
07. 김대영님	숲 : 숲빛노을 저녁강물 물새우는 서정시심 대 : 대망의꿈 문학의꿈 가슴속에 불타는데 영 : 영광스런 문단등단 문학지평 이루리라 님 : 님의향기 시가되어 문학생활 빛나리라
08. 김명주님	김 : 김명주님 멋진이름 자랑스런 여류시인 명 : 명작명시 작품마다 박수갈채 물결이요 주 : 주경야독 문학의꿈 갈고닦아 등단하니 님 : 님가시는 문학의길 아름다운 꽃길되리
09. 김선아님	김 : 김글자로 행시짓기 너무나도 어려워라 선 : 선녀처럼 우아하게 시를쓰실 시인이여 아 : 아름다운 사랑시로 만인에게 기쁨주는 님 : 님의시를 읽을때가 즐거웁고 행복하리
10. 김양옥님	김 : 김치말이 잔치국수 하객들의 축하속에 양 : 양가부모 모셔놓고 맞절하던 그추억을 옥 : 옥가락지 끼어주며 맹세했던 백년가약 님 : 님의사랑 시로읊어 원앙같은 부부되리

11. 김영구님	김 : 김영구님 수필배웅 삶의지평 빛낸명작 영 : 영원불멸 향기로운 들꽃같은 우정수필 구 : 구원받고 은혜받는 기도같은 감동수필 님 : 님의우정 친구사랑 진국같은 된장향기
12. 김영수님	김 : 김을매는 농부같이 근면하신 시인되어 영 : 영혼담은 열정으로 감동주는 시를쓰고 수 : 수수처럼 익을수록 낮아지는 시인되어 님 : 님의행복 빌어주는 축시한수 읊어주리
13. 노우혁님	노 : 노들강변 봄바람에 살랑대는 시의향기 우 : 우정깊은 문인들이 모여만든 문학생활 혁 : 혁혁하신 노력으로 문학생활 이끄시는 님 : 님의열정 희생정신 하늘같은 업적이리
14. 문병삼님	문 : 문경지교 귀한우정 믿음주는 한식명장 병 : 병든영혼 구제하듯 베푸시는 기부천사 삼 : 삼라만상 다변해도 정의향기 영원하리 님 : 님의향기 사랑향기 보석처럼 빛나리라
15. 민숙영님	민 : 민들레꽃 일편단심 홀로걷는 외길인생 숙 : 숙명같은 운명으로 시를쓰는 시인되어 영 : 영혼불꽃 불사르며 갈고닦은 시인의길 님 : 님의향기 시의향기 한국문단 꽃피우리
16. 박선영님	박 : 박꽃처럼 우아하게 아름답던 소녀시절 선 : 선녀처럼 화사하던 단발머리 여고시절 영 : 영화속의 주연처럼 화려했던 숙녀시절 님 : 님과함께 속삭이던 별빛같은 사랑이여
17. 박순애님	박 : 박하사탕 영화처럼 화사했던 처음사랑 순 : 순애보의 백설같이 지순지고 맑은사랑 애 : 애정의꽃 만발하는 아름다운 장미사랑 님 : 님의품에 안기어서 지새우던 별빛사랑
18. 박영길님	박 : 박자맞춰 트위스트 춤을추던 학창시절 영 : 영화관을 안방처럼 드나들던 젊은시절 길 : 길운길몽 문학의꿈 등단으로 성취하여 님 : 님의사랑 시를쓰니 명작이라 상음주네
19. 박혜주님	박 : 박꽃피는 초가지붕 저녁연기 피어날때 혜 : 혜성처럼 아름답고 장미처럼 향기로운 주 : 주단같은 멋진시로 등단하신 시인이여 님 : 님의향기 시가되어 문학생활 밝히도다
20. 박혜진님	박 : 박수갈채 환영으로 등단하신 여류시인 혜 : 慧巧로운 글재주로 창작하신 명품명작 진 : 진주처럼 아름답고 향기로운 시의향기 님 : 님이걷는 꽃길위에 사뿐사뿐 뿌리오리

21. 박효찬님	박 : 박학다식 고명하신 시인으로 등단하여 효 : 효도하고 사랑받고 인기높은 문인되고 찬 : 찬란하게 창작하는 고명하신 시인되어 님 : 님의심금 울려주는 감명깊은 시를쓰리
22. 백채원님	백 : 백두대간 정기받은 대한민국 시인이여 채 : 채석장의 석공처럼 정성들인 창작작품 원 : 원두커피 향기처럼 문학세계 적시도다 님 : 님이지은 명작명시 문학생활 등불되리
23. 서영자님	서 : 서늘바람 불어오니 밀려오는 사랑추억 영 : 영산홍꽃 진한사랑 영원토록 뜨거워라 자 : 자분자분 부려주는 꿈결같은 사랑향기 님 : 님그리워 흘린눈물 시가되어 노래하네
24. 손유순님	손 : 손금쟁이 점괘대로 신선같은 시인되어 유 : 悠悠自適 자유로운 영혼으로 시를쓰고 순 : 순수하고 꾸밈없는 들꽃같은 문인되어 님 : 님의개성 톡톡튀는 살아있는 글을쓰리
25. 손혜숙님	손 : 손톱꽃물 아름답던 유년시절 그리워라 혜 : 혜성처럼 찬란했던 젊은시절 생각난다 숙 : 숙명처럼 꿈을꾸던 문단등단 시인되어 님 : 님이부른 사랑노래 명작시로 적어보리
26. 신현주님	신 : 新星처럼 반짝이며 등단하신 여류시인 현 : 현명하신 혜안으로 선택하신 문학의길 주 : 주경야독 갈고닦은 문필재능 빛나도다 님 : 님가시는 시인의길 글꽃피는 문인의길
27. 안영섭님	안 : 안개처럼 자욱하게 밀려오는 시의향기 영 : 영화부귀 뿌리치고 외길걸은 문단등단 섭 : 섭렵하고 도를닦아 명작명시 창작하여 님 : 님과함께 낭송하며 행복미소 지어보리
28. 오서연님	오 : 오동나무 높은기개 만고불변 선비정신 서 : 서광어린 축복속에 혜성처럼 등단하여 연 : 연보라빛 향기로운 시를짓는 시인되어 님 : 님의향기 베어있는 감동주는 시를쓰리
29. 우경연님	우 : 우유부단 마음약해 잡지못한 첫사랑이 경 : 경련처럼 저려오는 서러움의 강물되어 연 : 연기처럼 피어나는 어지러운 사랑추억 님 : 님의사랑 품은가슴 용암처럼 뜨거우리
30. 이금실님	이 : 이별보다 안타까운 사랑주고 떠난사람 금 : 금의환향 돌아오실 그날만을 기다리며 실 : 실솔우는 가을밤을 시로적어 등단하여 님 : 님의행복 빌어주는 은혜로운 시인되리

31. 이민구님	이 : 이슥도록 시를쓰며 시인되는 꿈을품고 민 : 민초처럼 끈질기게 걸어온길 등단의길 구 : 구절초꽃 향기나는 청초로운 시를지어 님 : 님그리운 이심정을 종이배로 띄우리라
32. 이성호님	이 : 이슬처럼 반짝이는 풀잎같은 시를지어 성 : 성공의길 청운의꿈 이루어낸 문인등단 호 : 호걸같은 문인되어 호탕하게 시를쓰니 님 : 님의쓰신 명작명시 한국문단 호령하네
33. 이순녀님	이 : 이윽달빛 내려앉은 목화밭길 걸어갈때 순 : 순정어린 산새울음 가슴울린 시가되어 녀 : 여류시인 등단문인 시인의꿈 이루었네 님 : 님의사랑 시를지어 별빛속에 새겨두리
34. 이순자님	이 : 이목구비 눈부시던 백옥살결 여류문인 순 : 순정등불 고운수필 연변문학 선도하고 자 : 자분자분 뿌려주는 향기로운 문학향기 님 : 님이가는 문학길에 찬란하게 뿌려주리
35. 이영선님	이 : 이슬방울 반짝이는 수정같은 시를지어 영 : 영혼깃든 창작시로 문단등단 하였도다 선 : 선비처럼 운치나는 시를쓰실 시인이여 님 : 님의시를 읽는기분 광맥찾는 기쁨이여
36. 이영종님	이 : 이심전심 상통하는 문학생활 광장에서 영 : 영웅호걸 탄생하듯 화려하게 등단하신 종 : 종횡무진 문학계를 주름잡는 시인이여 님 : 님이시여 한국문학 선도하실 기수되리
37. 이옥진님	이 : 이슬젖은 산새울음 팔행시로 읊어주소 옥 : 옥색향기 피어나는 청솔같은 시인이여 진 : 진정으로 존경받고 사랑받는 시인이여 님 : 님이쓰신 명작명시 맑고고운 옹달샘물
38. 이주은님	이 : 이내가슴 울려놓고 무정하게 떠난사랑 주 : 주인잃은 벽시계도 졸고있는 자정인데 은 : 은초롱꽃 향기따라 피어나는 사랑향기 님 : 님의행복 빌어주는 별빛같은 시를쓰리
39. 이하경님	이 : 이슥도록 별빛내린 창가에서 시를지어 하 : 하늘같이 높고높은 문인의길 등단하니 경 : 경건하게 밀려오는 강물같은 감동으로 님 : 님의향기 은은하게 피어나는 시를쓰리
40. 이현원님	이 : 이력경력 다채로운 고명하신 문필가여 현 : 현인군자 선비답게 한국문학 주름잡네 원 : 원대하신 이상으로 문학지평 이루소서 님 : 님가시는 문학의길 글꽃피는 문학생활

41. 임은심님	임 : 임을향한 일편단심 사랑세상 근본이요 은 : 은빛머리 휘날림은 인간세상 훈장이라 심 : 심산유곡 청솔향기 만고불변 문학향기 님 : 님이지은 시한편이 사랑주고 행복주네
42. 장병찬님	장 : 장다리꽃 노란순정 사랑멀미 어지워라 병 : 병정놀이 메기추억 합창하던 죽마고우 찬 : 찬란했던 발자국에 추억고인 별빛이라 님 : 님이시여 사랑이여 꿈결에도 보고지고
43. 정명자님	정 : 정과눈물 소복하게 고여있는 인생길에 명 : 명월같은 서정으로 문학길에 등단하여 자 : 자주색갈 운치나는 품격높은 시를쓰네 님 : 님의향기 베어있는 명작명시 빛나도다
44. 정은지님	정 : 정이깊은 우정속엔 산호보석 숨어있고 은 : 은행잎에 새긴사랑 책갈피에 꽂혀있고 지 : 지순지고 맑은사랑 가슴속에 새겨있고 님 : 님그리워 흘린눈물 시한편에 고여있다
45. 정현덕님	정 : 정자마루 올라보니 부는바람 詩香이라 현 : 현몽하는 꿈속에는 敍情詩心 번득이고 덕 : 덕망높은 시인님은 인품으로 시를쓰니 님 : 님이쓰신 명작명시 문학지평 이루리라
46. 지경숙님	지 : 紙筆硯墨 연인삼아 문학사랑 꽃피우고 경 : 경사로운 행시잔치 님의작품 빛나도다 숙 : 숙명처럼 운명처럼 홀로걷는 문학의길 님 : 님이남긴 문학작품 영원토록 빛나리라
47. 최운선님	최 : 최고봉에 자리하신 문학생활 어른이요 운 : 雲霧속에 글을쓰고 시를짓는 신선이요 선 : 선비로다 학자로다 詩聖이요 文豪로다 님 : 님가시는 걸음걸음 문학지평 이루리라
48. 한경옥님	한 : 한결같은 문학사랑 꿈결같은 문단등단 경 : 경사로운 행시축제 주인공이 되었도다 옥 : 옥돌처럼 반짝이는 향기로운 행시작품 님 : 님이품은 문학향기 보석처럼 빛나도다
49. 한순남님	한 : 한계령의 단풍잎에 새겨놓은 오색사랑 순 : 순수하게 물들어진 선홍빛갈 진한사랑 남 : 남모르게 갈고닦은 문학의길 등단시인 님 : 님가시는 걸음마다 문학의꽃 만발하리
50. 한천우님	한 : 한결같은 염원으로 등단시인 되고나니 천 : 천사님은 하늘에서 새하얗게 시를쓰고 우 : 우리들은 땅위에서 새파랗게 시를쓰고 님 : 님의품에 안긴나는 별빛같은 시를쓴다

51. 홍영란님	홍 : 紅爐點雪 녹아나듯 잘도풀린 문학의길 영 : 영광스런 문단등단 문학지평 이루리라 란 : 난초향기 맑은시심 들꽃같은 행시작품 님 : 님의향기 시가되어 문학생활 빛내도다
52. 황도천님	황 : 황금노을 곱게물든 인간세상 정상에서 도 : 도를닦는 정성으로 등극하신 등단시인 천 : 千古不朽 시인재능 시를써서 불태우리 님 : 님의향기 시의향기 문학생활 등불되리
53. 이주성님	이 : 이삭줍는 그림에서 감동받은 詩心으로 주 : 주야장천 갈고닦은 詩作으로 등단하여 성 : 성스러운 시를지어 이세상을 밝히면서 님 : 님의사랑 맑은사랑 사랑시로 바치리다
54. 류은자님	류 : 유수같은 세월속에 사라져간 청춘의꿈 은 : 은행잎에 새겨놓은 장미같은 소녀의꿈 자 : 자주빛갈 가방매고 재잘거린 그소녀가 님 : 님과함께 읊어보는 시를짓는 여류시인
55. 권려화님	권 : 권면성실 열성으로 공부하던 학창시절 려 : 여왕처럼 고귀하게 칭송받던 소녀시절 화 : 화려하고 우아하게 각광받던 숙녀시절 님 : 님가시는 문학의길 여류시인 등단의길
56. 김민정님	김 : 金빛고운 햇살처럼 아름답던 장미모습 민 : 민얼굴도 화사하게 눈부시던 앵두얼굴 정 : 정성으로 근성으로 문단등단 시인되어 님 : 님과함께 사랑노래 불러보는 詩를쓰리
57. 김주법님	김 : 金빛고운 커플반지 함께끼던 우리사랑 주 : 주경야독 형설의공 청운의꿈 품어안고 법 : 법학공부 그만두고 시를짓는 시인되어 님 : 님의사랑 시를쓰며 사랑먹고 행복먹네
58. 김주연님	김 : 金빛고운 날개가진 천사같던 소녀시절 주 : 주연배우 인기처럼 하늘높던 학창시절 연 : 연연하게 흘러가는 세월속의 추억이여 님 : 님이시여 첫사랑의 그추억을 잊지못해
59. 신호현님	신 : 신명나게 인생한번 살아보자 달려왔네 호 : 호연지기 기상으로 학생들을 가르치고 현 : 현실세상 노래하는 원시인이 되었구나 님 : 님들위해 멋진새로 세상한번 울려보자
60. 유명란님	유 : 유리처럼 투명하게 품어왔던 문학의꿈 명 : 명경지수 맑은물에 먹을갈고 붓을씻어 란 : 난초처럼 청초스런 詩를지어 등단하니 님 : 님의사랑 우리행복 시꽃되어 만발하리

61. 이유리님	이 : 이심전심 짝꿍되어 가슴포갠 원앙사랑 유 : 유리구두 신겨주던 왕자같은 사람이여 리 : 리듬따라 춤울추던 천사같던 사랑향기 님 : 님이라는 사랑시로 인연맺은 잉꼬부부
62. 이진구님	이 : 이팔청춘 푸른꿈은 글잘쓰는 문인의꿈 진 : 진솔하게 향기나는 작품으로 등단하니 구 : 구름타고 내려오신 신선같은 시인이라 님 : 님이시여 시인이여 그대이름 위대하리
63. 이혜원님	이 : 이슬처럼 영롱하게 반짝이는 지난추억 혜 : 혜성처럼 찬란하게 가슴속을 울리는데 원 : 원대했던 문학의꿈 등단으로 감동주네 님 : 님을찾는 사랑길은 詩꽃피는 문학의길
64. 임석복님	임 : 임하였다 여호와의 큰영광이 나의위에 석 : 석청꿀과 메뚜기로 연명하신 세례요한 복 : 복음전도 회개하라 하늘나라 다가왔다 님 : 님이시여 성직자여 주의걸음 따르소서
65. 정늘솔님	정 : 정금같은 믿음으로 연단하신 신앙생활 늘 : 늘언제나 하나님의 자비로운 은혜은총 솔 : 솔로몬의 평온평강 축복받은 육신생명 님 : 님이갈길 주님믿고 구원받는 영생의길
66. 정효진님	정 : 정성깊은 믿음으로 하나님만 섬기리라 효 : 효용적인 신앙심을 담게하는 성경구절 진 : 진리만이 너희들을 자유롭게 하느리라 님 : 님이주신 성경말씀 생수강물 넘쳐나리
67. 조계자님	조 : 조물주도 감탄하는 시를쓰는 시인이여 계 : 계수나무 향기나는 달나라의 시인이여 자 : 자연으로 돌아가는 루소님의 철학처럼 님 : 님의詩는 만고불변 진리같은 등불이리
68. 조혜련님	조 : 조수처럼 가슴속을 파고드는 추억물결 혜 : 혜성처럼 쏟아지는 미련같은 그리움을 련 : 연정향기 촛불되어 마음심지 태우는데 님 : 님그리운 심사에는 시가되어 웃고있네
69. 최유진님	최 : 최신감성 인생내컷 한판찍어 추억담고 유 : 유행따라 까꿍하는 배꼽미소 귀엽지만 진 : 진정으로 멋진유행 시인되는 문인등단 님 : 님의향기 근사하게 읊어주는 시인되리
70. 추인숙님	추 : 추억빛난 인생길은 향기로운 사랑의길 인 : 인기높던 배우처럼 별이됐던 유년시절 숙 : 숙명의길 문학의길 알토란길 시인의길 님 : 님을위해 사랑위해 멋진詩를 지어보리

71. 손분익님	손 : 손을잡고 함께걷던 첫사랑길 감개무량 분 : 분홍댕기 나풀대던 유년시절 아련하네 익 : 익살많고 애교많던 학창시절 그리워라 님 : 님과함께 속삭였던 사랑추억 잊지못해
72. 김태린님	김 : 김태린님 혜성같이 등단하신 여류시인 태 : 태양처럼 화사하게 문학생활 빛내도다 린 : 린스헹군 고운머리 지성적인 여류시인 님 : 님이쓰신 사랑시로 한국문학 꽃피우세

13행 정형행시

한국문학생활회 삼행시 시화전
白火 장병찬

한 : 한량없는 축복으로 등단하신 문학생활 문인이여
국 : 국화보다 향기롭고 감미로운 시를쓰실 시인이여
문 : 문학인생 문필가길 비단길로 개척하실 문필가여
학 : 학식덕망 겸비하신 문인되어 문학지평 이루소서
생 : 생명영혼 찬미하는 신선같은 대한민국 문인되어
활 : 활화산의 용암같은 열정으로 창작정신 불태우리
회 : 회자정리 인생무상 허무하나 문학향기 영원하리

삼 : 산행시로 꽃을피운 문학행사 신명나는 행시축제
행 : 행시마다 넘쳐나는 지혜로운 해학익살 명작이라
시 : 시의본향 문학생활 한라에서 백두까지 뻗어가리

시 : 시적영감 승화시킨 주옥같은 삼행시의 등불이여
화 : 화사하게 밝아오는 여명으로 한국문단 밝히리라
전 : 전통문학 새역사를 창조하는 문학생활 위대하리

도자기 작품 후원

1) 현성찬(범호요)
전화: 010-2772-7150 경기도 이천시 신둔면 경충대로 3183번길 7-4

2) 한도현(한석봉도예)
전화: 010-8636-9357 경기도 이천시 신둔면 원적로 69-25

3) 한기웅(예진도예)
전화: 010-3744-8723 경기도 이천시 신둔면 서이천로 853번길 197-62

4) 이효재(남강요)
전화: 010-5219-8165 경기도 이천시 신둔면 원적로 290번길 239

5) 이영식(삼봉요)
전화: 010-6342-7238 경기도 이천시 신둔면 황무로 617번길 72-29

6) 박창순(예현도예)
전화: 010-4787-7124 경기도 이천시 신둔면 도자예술로 35

7) 한석기(월정요)
전화: 010-6268-8590 경기도 이천시 신둔면 원적로 2-16

8) 서광윤(서광윤요)
전화: 010-8983-7429 경기도 이천시 신둔면 마소로 49

9) 서광수(한도요)
전화: 031-632-7106 경기도 이천시 신둔면 원적로 133번길 161

10) 이연휴(여천요)
전화: 010-5476-7116 경기도 이천시 신둔면 원적로 369-39

11) 김용섭(다정도예)
전화: 010-3275-6180 경기도 이천시 경충대로 2993번길 16

12) 김영수(도성청자)
전화: 010-2220-7716 경기도 이천시 신둔면 도자예술로 62번길 156

13) 박병호(서광요)
전화: 010-8636-9357 경기도 이천시 신둔면 원적로 69-25

14) 김성태(송월요)
전화: 010-8877-4984   경기도 이천시 신둔면 이장로 311번길 335-110

문학생활 삼행시 협찬금 후원 명단

한국문학생활회는 2020년 9월 계간 『문학생활』 창간 이후 시인, 수필가, 시조시인, 동시인, 소설가 등 전국 문인들과 함께 문학 종합예술지 역할을 나름대로 책임 있게 수행해 온 문학단체입니다. 일반인들이 생활 속에 문학을 쉽게 접할 수 있도록 5년 동안 자리매김함으로써 문학의 저변화와 발전에 기여한 단체로써 해외교포 및 세계 문학 단체와의 교류를 위한 문학세미나 및 시화전, 신인상 시상식을 매년 개최하고 있습니다. 이번 문학생활 삼행시 행사에 많은 분들이 협찬해 주셨습니다.

이영종 이사 / 박영길 공동회장 / 이순자 해외이사

문병삼 부회장 / 정은지 회원 / 가철노 부회장

백채원 회원 / 원시인(신호현) 초대시인

류은자 전 사무국장 / 박혜주 회원 / 박순애 회원

- 한국문학생활회 고문 변호사 -

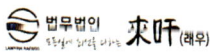

법무법인 來吁(래우)

대표변호사 정인균

서울시 서초구 서초대로 250, 10층
법무법인 래우(서초동, 스타갤러리브릿지)
TEL 02-6677-0060 / FAX 02-6455-0604
Mobile 010-9000-2305
E-mail ik110630@naver.com

한양대학교 법학과 졸업
서울대학교 법과대학원 석사
제31회 사법시험 합격
전 서울지검 부장검사
형사, 민사, 상속, 증여 및 가업승계 컨설팅
기업회생, 파산, 이혼
기업재무 컨설팅
부동산 관련 소송 부정경쟁 방지 및 영업비밀보호 관련 소송
성폭력 사건 등 다양한 법률을 다루는 베테랑 법조인 전문 변호사
약자의 편에 서서 그들의 권리를 적극 보호

문학생활 삼행시 수상자 명단

1. 시제 '너와 나' 심사 결과

〈최우수상〉 국회의원 상 문병삼(1명)
〈우수상〉 신호현 조혜련 김기평 장병찬(4명)
〈장려상〉 한국문학생활 상임회장상 정현덕 노우혁 박순애 이현원(4명)
〈가작〉 김명주 김태린 이영종 구희은 민숙영 이성호(6명)
〈입선〉 가철노 김금란 김경인 김대영 김선아 김영구 김양옥 손분익
　　　 오서연 우경연 이금실 이나영 이민구 이순녀 이순자 이영선
　　　 이옥진 이주은 김민정 이유리(20명)

2. 시제 '시와 나' 심사 결과

〈최우수상〉 이천시의회 의장 상 김영수(1명)
〈우수상〉 박효찬 이혜원 권성남 유명란(4명)
〈장려상〉 한국문학생활 상임회장상 홍영란 조계자 이하경 임석복 (4명)
〈가작〉 박선영 박영길 손혜숙 신현주 안영섭 한천우(6명)
〈입선〉 박혜주 박혜진 백채원 서영자 임은심 이주성 정명자 정은지
　　　 지경숙 한경옥 한순남 황도천 권려화 김주법 김주연 이진구
　　　 정늘솔 정효진 최유진 추인숙(20명)

임금님 쌀밥집

전화: 031-632-3646   대표 최향란 010-9247-0280

원가네옹심이칼국수

전화: 031-631-0606
대표 원용국 010-5325-9588, 박갑례 010-5345-1833
수제만두·옹심이칼국수·바지락칼국수·육개장·비빔막국수
주소: 이천시 경충대로 2675번길(이천 중앙교회 옆)
맛·친철·청결로 모시겠습니다.

ettim 기업 디자인 연구소가 제안하는 바디웨어의 과학

인체공학 맞춤형 보정	독창적인 디자인	디테일한 기능성	편안한 피팅감, 자유로운 라이프
체계화된 패턴 연구와 고급스러운 텍스처가 빚어내는 보정 효과	세련된 디자인과 차별화된 프린트로 여성미를 극대화	가슴라인을 돋보이게 하는 디테일 (실용신안 No. 20-0483968) 건강까지 생각하는 특별함	답답한 보정 속옷의 고정관념을 바꾼 신개념 바디웨어

신발과학
신을 수록 all 바르게
STAND 38

#자세미인은 영원히 아름답다

이 순 녀
체형 보정 컨설턴트

M 010-6217-0550

ettim
YOUNG AGAIN

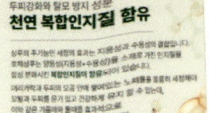

HOCHE SHAMPOO
Anti Hair loss & Scalp care
Anti Sebum P(HD) BEAUPLEX™ VH

호체 샴푸, 왜 좋을까요?

1. **KFDA로부터 기능성 인정**
   KFDA에서 탈모 방지 기능성을 인정받았습니다.

2. **휴먼웰케어**
   호체 샴푸는 기능성과 모발 관리, 탈모 방지 모두 충분할만하게 초점을 두고 있습니다.

3. **천연 복합인지질 함유**
   세정 한아 머리 모발을 부드럽게 유지하며 하루 종일 모발을 관리 주고, 탄력을 극대화 시키는 역할을 하게 됩니다.

두피강화 및 탈모 방지 성분
천연 복합인지질 함유

탈모관련 식약청 인증
☆ 지금까지 이런 샴푸는 없었다 ★★★★
풍부해진 머릿결
탈모걱정 끝 / 각질·비듬 걱정 끝

세포재생 복합인지질 기술
머리카락 재생은 개별상담합니다

호채 기능성 화장품

신현주 과장
연락처: 010-2552-7580